JN058500

職場の経営学

ミドル・マネジメントのための実践的ヒント

北居 明・大内章子 編著

中央経済社

はじめに

2010年の女子サッカー日本代表「なでしこジャパン」の活躍，2019年のラグビーワールドカップの日本代表の奮闘は，まだ脳裡に新しい。体格差で劣る日本選手が，組織的なチームプレーで大柄な外国人選手を翻弄する姿に，ほとんど天然資源のない日本がGNP2位まで上りつめた，あの強かったころの日本企業を重ね合わせた視聴者も多かったのではないでしょうか。

本書では，企業やNPOで働くミドルを対象に，職場のマネジメントに関するいくつかの重要なトピックを取り上げ，学術的な先行研究はもちろん様々な事例や実際の調査結果を踏まえ，活き活きとした職場作りのマネジメントを行うためのいくつかの提言を試みました。

本書でミドル・マネジメントや職場に焦点を当てる理由の１つは，本来日本企業の強みは職場にあると言われてきたことと関連しています。たとえば，生産現場におけるQCサークルのように，日本企業では現場の人々が自ら改善に加わり，品質やサービスの向上に努めてきたと言われています。すなわち，日本企業の強みの１つは，トップダウンのみならず，現場における協働と自律性から生まれるボトムアップそしてミドルアップ・ダウンが現場の柔軟性や創意工夫，勤勉さをもたらしてきたことにあったのです。しかし，近年の日本企業を悩ませている長引く不景気，蔓延する個人主義，そして短期の成果やコンプライアンスを求めるコントロール・システムは，現場における協働や自律性を減少させているように思われます。それだけでなく，リストラや中途採用の増加による職場の年齢構成の不均衡や上司と部下の年齢の逆転現象なども，職場での協働を難しくしている一因かもしれません。

もちろん，われわれは「以前はよかった」，「昔に帰れ！」といった回顧主義を標榜するつもりはありません。現在の状況に合わせた職場の強化の方向性を探っていきたいと考えており，またそれは可能であるとも考えています。

第二の理由は，上述の状況にもかかわらず，近年におけるわが国の経営学研究は，職場のマネジメントにはあまり注意を払ってこなかったように思われる点です。近年の傾向として，戦略やガバナンスといったマクロの問題あるいは，キャリアやモチベーション，リーダーシップ開発といった個人レベルのミクロの問題に関する研究は数多くあります。このような現状の中，職場に焦点を当てた経営学の研究書も最近では見られるようになってきましたが，まだまだ少数です。上述のマクロおよびミクロの問題も重要であるのはもちろんですが，職場を強くするための示唆を得るためには，職場に直接焦点を当てた研究のさらなる蓄積が必要ではないかと考えています。

このような問題意識のもとに書かれた本書は，独特の特徴を持っています。まず１つ目は，現場で働く人々が自らの経験をもとに書いているという点です。本書の執筆者は，関西学院大学専門職大学院と大阪府立大学社会人大学院の修了生から構成されています。彼らは，現役の社会人であると同時に，大学院で学術的なトレーニングを受け，自ら研究論文を執筆し，修士号を取得しています。執筆者は，このような大学院での学びを生かし，社会でさらなる活躍やキャリア・アップを果たしている人や，大学教員となってさらに研究を深めている人たちです。社会人の強みとして，現場で働く人々の目線から論じることができるという点がありますが，一方で他の職場には応用できないローカルな知識の提供に留まる危険もあります。一方，学術的な研究ではいろいろな組織に応用可能な抽象的概念や方法論を用いる一方，現場の人々の感覚から遊離する危険もありえます。本書は，社会人大学院で研究した経験を持つ社会人が自らの職場経験をもとに職場のマネジメントを論じることで，実践と学術両方のバランスが取れた提言をすることを試みています。言い換えれば，いろいろな職場に応用可能で，かつ「使える」示唆を提供することを目的としているということです。

もう１つの特徴は，前述のように，職場やミドル・マネジメントを研究対象としているということです。執筆者の大半は，30代から50代のミドル・マネジメント層に属しており，日々まさに職場のマネジメントに直面している人々です。また，所属する組織も，メーカー，流通，コンサルタント，病院，学校などとバラエティに富んでいます。執筆の際には，各章ごとにチームを作って意見交換を行いながら研究と執筆を行いました。その甲斐あって，職場のマネジメントに悩む読者にとって共感できる内容になったのではないかと自負しています。

本書では，職場のマネジメントに関して実践的にも学術的にも重要な７つのトピックを選び出し，各章ごとに関心のあるメンバーがチームを結成して研究と執筆を行いました。その構成は，以下の通りです。

第１章では，ミドル・マネジャーの現状について，主にアンケート調査をもとに明らかにすることを試みています。本書では，課長級に代表されるミドル・マネジャーが職場のマネジメントの主役だと位置づけています。前述のように，日本企業が弱くなった一因は職場の弱体化にあり，さらにそれはミドル・マネジャーを取り巻く環境の変化にあると考えられます。したがって，この章では，現在のミドル・マネジャーが直面する課題，求められるスキル，職場および職場以外の環境に関する調査結果について紹介し，職場とプライベートの間の中間領域の重要性を提言します。

第２章は，フォロワーシップについて，事例やインタビュー調査，アンケート調査をもとに議論します。フォロワーシップとは，リーダーシップとは反対に部下から上司に与える影響力を表しています。この研究は，現在のところ学術的にも非常に少ないです。職場のマネジメントは，上司からの一方通行ではなく，うまく上司を動かすことも必要となるでしょう。多くの場合，部下は上司を選べません。今の上司のもとで最大の成果を上げるためには，上司のリーダーシップだけでなく，上司を動かすフォロワーシップをいかに発揮するかが実践的にも重要となると思います。

第３章は，有効な集団的意思決定のあり方に関する章です。現場に限らず，組織の様々な階層で集団的な意思決定のための会議が行われていますが，多くの場合その会議は生産的ではありません。ただ集まるだけで誰も意見を言わないか，声の大きな人の意見が通ってしまうような会議が，日本の組織のあちこちで行われています。特に，集団で意思決定を行う場合，重要な問題について討議されず，結果的にリスクの非常に大きな決定を行ってしまうことがあります。このような現象はグループシンク（集団浅慮）と呼ばれています。そのような状態に陥らず，各人の知恵が様々な見地に反映された生産的な意思決定（チームシンク）を行うにはどうすればいいか，本章では事例をもとに提言を行っています。

第４章のトピックは，集団効力感です。望ましい結果をもたらすための有効な行動をとれるという信念を意味する自己効力感という言葉がありますが，集団効力感は，職場のメンバーが協力することでこのような行動がとれるという共有された信念を表しています。この概念は，元来スポーツチームにおいて注目されてきましたが，協働して高い目標を達成するためには，職場においてもこのような信念を共有することは重要です。本章では，ある企業の事例を中心に，集団効力感を高める「タイミング」について提言を行います。

第５章は，職場の不文律がテーマです。明文化された規則とは別に，どの組織でも自然発生的に共有されている暗黙のルールが存在します。それが不文律です。不文律は，時には明文化された規則よりも遵守が求められ，最終的に職場の生産性を左右する要因となりえますが，暗黙であるがゆえにマネジメント側から見ればコントロールが難しいです。本章では，ある病院を舞台に，不文律の構造を把握し，組織にとって望ましい行動をメンバーがとれるように不文律を変化させた実践事例を紹介します。

第６章のトピックは，職場の多様化（ダイバーシティ）です。近年のわが国の労働力不足や企業活動のグローバル化などにより，職場で働くメンバーの多様性は高まる傾向にあります。その中で，伝統的なマネジメントではなく，多様性を生かす新たなマネジメントが求められています。これは，ダイバーシティ・マネジメントあるいはダイバーシティ＆インクルージョンなどと呼ばれています。この章では，ダイバーシティ・マネジメントが求められるようになった背景，ダイバーシティがもたらすメリットやデメリットについて述べた後，神奈川県の福祉法人の事例を通じ，ダイバーシティ・マネジメントを行ううえで何が必要なのか，考えていきます。

さて，職場という言葉で多くの人々が連想するのは，オフィスや生産現場においてフェイス・トゥ・フェイスで人々が協働している場でしょう。しかし，近年そのような職場ばかりではなく，必ずしも物理的および時間的に場を共有しないメンバーが協働するような職場も現れてきています。このような協働の場は，バーチャル・チームやテレワークと呼ばれ，昨今のコロナ禍で急激に注目を集めています。さらに，人々の働き方の多様化やグローバル競争の激化によって，このような新しい協働のあり方は，今後ますます求められるようになるでしょう。最後の第７章は，これからの職場のあり方としてのバーチャル・チームおよびテレワークについて，内外の事例を通じて紹介し，このような働き方を可能にする条件について提言します。

また，各章には「アカデミック・コラム」と題し，各章のトピックに関連が深い学術的研究の成果についても簡単に紹介しています。コラムを通じ，様々な研究者がどんな研究を行ってきたのか関心を持っていただけると幸いです。

本書はこのような７つのトピックについて議論していますが，職場のマネジメントをめぐる重要概念はもっと他にもあるでしょう。たとえば，職場の精神衛生に関する問題，倫理的問題，あるいは職場間の協働やコミュニケーション，職場における人材育成の問題などは，本書で直接扱うことはできませんでした。また，本書で取り上げたトピックについても奥が深く，もっと突っ込んだ議論ができたかもしれません。本書がどれほどの洞察や実践的示唆を読者にもたらすことができたのかについては，読者の方々からのご批判，ご意見を仰ぎたいと思っています。

本書が対象としている読者は，やはり現場で職場のマネジメントに日々悩まされているであろう，執筆陣と同世代の社会人の方々です。学術的なトピックを扱ってはいますが，一読されれば，決して難解な議論をしているわけではないことが理解していただけるはずです。また，経営陣の方々に対しても，チーム・シンクの章などは戦略的意思決定の際の参考になると思われます。各章に設けられている事例は，教育研修の場でも利用することができるでしょう。いずれにせよ，手に取っていただいた方々にとって本書が何らかのお役にたてれば，われわれにとって望外の喜びです。

2021年12月

北居　明

目次

第2章 活き活きした職場をつくる「フォロワーシップ」

第 1 章

ミドル・マネジャー：職場の経営学の主役

1. はじめに

日本の企業では，課長は，社会人にとってキャリア上の重要な目標でした。昔のテレビドラマでも，課長昇進を家族で祝う姿が映し出されたり，「課長さん」という言葉に口元を緩ませてしまう登場人物がいたりしたものです。実際，何歳で課長に昇進するかが，その後のキャリアに大きな影響を及ぼすと言われてきました。課長昇進は，社会人にとって重要なメルクマールでした。

本書は，ミドル・マネジャーが職場の経営学の主役であると位置づけています。カナダの経営学者のH.ミンツバーグによれば，ミドル・マネジャーとは，組織図で自分の上にも下にもマネジャーがいるマネジャーを指しています（Mintzberg, 2009）。日本で言えば，課長から次長，部長職に相当するでしょうか。ただし，日本で「中間管理職」というのは，現場のマネジャーまでも含むことも多いです。とはいえ，ミドル・マネジャーと中間管理職はかなりオーバーラップした概念であると言えるでしょう。

そもそも，日本企業では，課長を中心とするミドルがキー存在だと，以前から言われてきました。優れた日本企業では，強力なトップダウンでもなければ，極端なボトムアップでもなく，ミドルが自律的に部下の意を汲んで上司に伝達したり，上司の命令をかみ砕いて現場に落としたりすることで経営が行われてきました。いわゆる，ミドル・アップダウンです。90年代，わが国の著名な経営学者は，それが日本企業独特の強みにつながっていると主張してきました。

▶**図表1-1　ミドル・アップダウンによる知識創造**

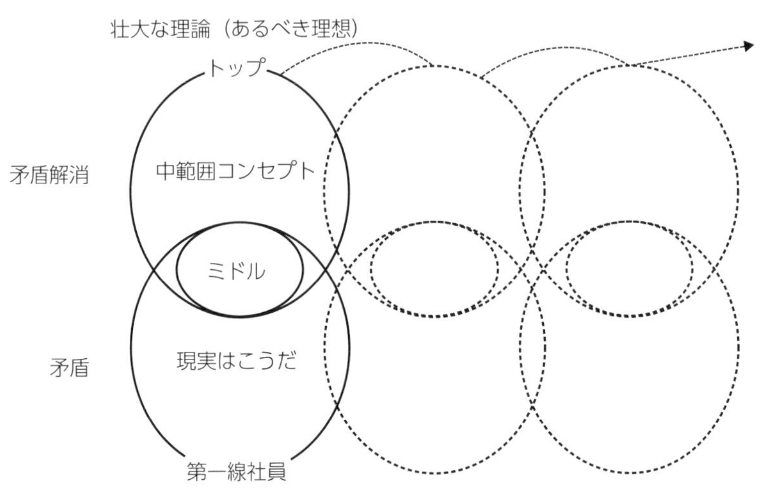

出所：Nonaka and Takeuchi（1995）p.191より筆者作成

たとえば，一橋大学名誉教授の野中郁次郎氏と竹内弘高氏は，「簡単にいえば，知識は，チームやタスクフォースのリーダーを務めることの多いミドル・マネジャーによって，トップと第一線社員（すなわちボトム）を巻き込むスパイラル変換プロセスを通じて創られる（Nonaka and Takeuchi, 1995: p.189）」と述べています（**図表1-1**）。彼らの言葉を借りれば，ミドルは，組織における知識創造における真の「ナレッジ・エンジニア」として，トップと現場を結びつける「結節点」となり，理想と現実をつなぐ「架け橋」となるのです。

このように，日本企業のミドルは，現場が直面する現実と，トップが示すビジョンや理想の間に立って，具体的な概念を創造し，上下左右を巻き込んでそれを実現していくと言われてきました（野中, 1990）。たとえば，かつてのシャープの液晶ディスプレー付き電卓や，松下電器（現・パナソニック）のホームベーカリーの開発の成功には，こうした自律的なミドルの活躍があったと言われています。

また，神戸大学名誉教授の金井壽宏氏は，組織を変革するミドル・マネ

▶図表1-2　ミドル・マネジャーの11の行動特性

行動特性	内　容
配慮	人間としての部下の気持ち，考え方を理解・尊重し，人間関係を保つ。
信頼蓄積	言動の一貫性，成功・失敗の因果帰属の模倣，現場重視の姿勢によって，リーダーとしての信頼を日頃から蓄積する。
育成	仕事の委任の仕方によって部下の経験の幅を広げ，人的資源として部下を育成・学習促進する。
達成圧力	決められた目標を期限通りに最後まで能率よく達成するように要求する。
緊張醸成	自己超越的な極限追求，社内外との競争，現状に対する危機意識から目標それ自体を高めながら，積極的に挑戦する緊張感を醸成する。
戦略的課題の提示	会社の戦略と結びつけながら，長期ビジョンや少数の重点課題を打ち出し，漸進的に部門レベルの戦略を練り上げ提示する。
モデリング促進	自らの経験やノウハウ，部門内外での成功例をモデルとして部下に伝え，目指すべき行動やルールを学習させる。
方針伝達	会社で公式に決められた経営方針，仕事の方針や会社の動向をきちんと伝える。
連動性創出	上司，経営トップ，他部門，社外の人々との協力的関係を作り出す。
連動性活用	社内外に創出した人間関係を，戦略的課題の実施，革新的試行の実現のために活用する。
革新的試行	新たなアイデア提案を実験ないし試行として積極的に実施に移していく。

出所：金井（1991）283～284頁より筆者作成

ジャーの行動特性11次元を抽出しています。そこでは，優れたミドルはトップの計画をそのまま部下に押し付けるのではなく，自分なりのアジェンダないしはプロジェクトを持っています。また，彼らは公式の組織機構以外に自分なりの人的ネットワークを形成して，上位階層や他部門に対し，積極的に働きかけていると言われています（金井，1991）（**図表1-2**参照）。

伝統的なリーダーシップ論では，リーダーの役割は主に部下に対する２種類の働きかけが中心でした。その２種類とは，部下に対してタスクをうまくこな

▶図表1－3　変革型ミドル・マネジャーの行動次元

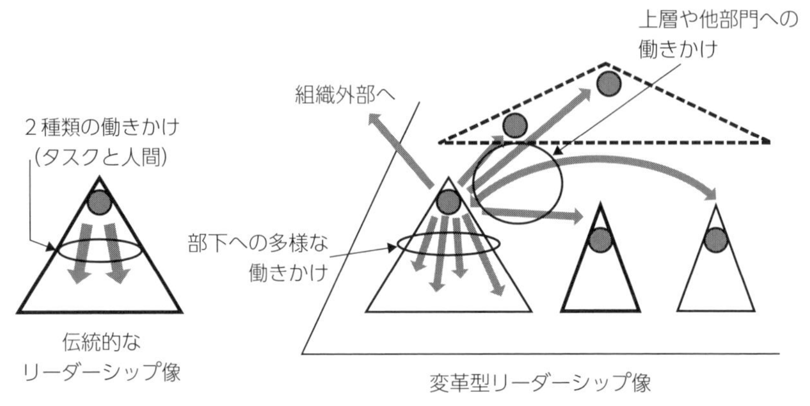

出所：金井（1991）182頁をもとに，筆者作成

せるよう指示する働きかけ（タスク志向）と，部下の気持ちに配慮する働きかけ（人間志向）でした。しかし，日本企業における優れたミドルは，これら2つだけでなく，自分の職場を超えた様々な働きかけを行い，それがまた部下に対する働きかけに反映するという行動をとっているのです（**図表1－3**）。

かつて，日本企業が強かった時代，ミドルはまさしく組織の中心としての戦略的役割を担っていました。ミドルはトップと現場の結節点として，自部門のみの管理を超えた自律的な動きをし，それがトップの「思い」と現場の情報両方を反映したイノベーションを，企業にもたらしていると言われてきたのです。

2. ミドルを取り巻く環境変化

しかし，90年代後半以降，日本企業から活力が徐々に失われていきました。この原因は様々ですが，1つはミドル・マネジャーを取り巻く環境変化があるのではないでしょうか。ここでは，90年代後半以降に起こったいくつかの重要な環境変化について，見ることにしましょう。

2-1　組織のフラット化

そうした変化の１つは，組織のフラット化でしょう。フラット化は，組織の階層を減らし，トップと現場の距離を短くすることで迅速な情報伝達および意思決定を可能にします。急激な環境変化に対応するために，フラット化は必要な組織変革であると考えられていますが，これにより多くのミドル・マネジャーがそのポストあるいは権限を失いました。（財）関西生産性本部が2001年に行った調査では，回答企業約500社のうち，４割以上の企業が95年から2000年にかけて組織のフラット化をはじめとする組織改革に着手しています（神戸大学大学院経営学研究科・（財）関西生産性本部, 2001）。

2-2　ミドルのプレーヤー化

（社）日本能率協会の資料では，個人業績目標を持つ課長の割合は，1985年以前は約17％でしたが，以後急速に増加して2005年以降では約91％にも及んでいます[1)]。産業能率大学が2017年11月に行った調査では，上場企業の課長の実に99.2％がプレイング・マネジャーとしての仕事を抱えているそうです[2)]。また，NOMA経営研究所が2017年に公表した調査結果でも，85％以上のミドルがプレーヤー業務を兼務しており，この数字は増加傾向であることが示されています。このことは，ミドル・マネジャーであっても短期的な個人目標を持たされる人々が増えたことを意味しています。このような変化によって，先に金井（1991）が指摘したような，自分なりのアジェンダよりも，短期的な数値目標を優先せざるを得ないミドルが増えていることが推測されます。

1)　JMA2007経営革新提言「ミドルマネジメントの復権と創造」講演資料,（社）日本能率協会経営研究所

2)　産業能率大学「第４回上場企業の課長に関する実態調査」より
http://www.sanno.ac.jp/research/kachou2018.html

▶図表1-4　3年前と比較した職場の状況の変化

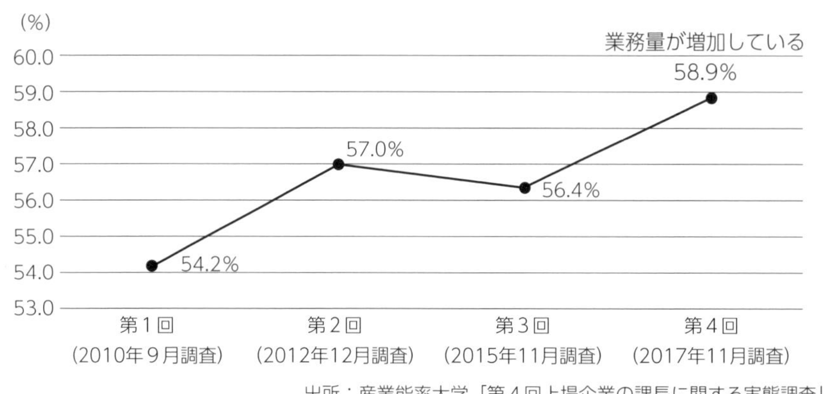

出所：産業能率大学「第4回上場企業の課長に関する実態調査」

2-3　業務量の増加・多様化

また，上述の産業能率大学の調査では，ミドルの業務量がこれまでにないほど増えていることが示されています。**図表1-4**は，3年前と比較した職場の状況変化について，「業務量が増加している」と答えたミドルの割合です。これを見ると，2010年では54.2%だった割合が，2017年では過去最高の58.9%まで増加しています。さらに，同調査では「労働時間・場所に制約がある社員が増加している」，「非正規社員が増加している」「外国人社員が増加している」と答えたミドルの割合も，過去最高となっています（それぞれ13.7%，13.5%，7.4%）。

このように，ミドルを取り巻く環境は，業務量の増加とともに，共に働く社員の多様化も進んでいることが示されています。さらに，年功序列制度の崩壊によって，年齢と役職の逆転現象も見られるようになってきました。若い課長の下に年配の部下が配属されるということも珍しくなくなってきています。このような変化の中で，人間関係にこれまで以上に気を使わざるを得なくなっているミドルも多いと思われます。

2-4 「働き方改革」の影響

さらに近年，ミドル・マネジャーのみならず，日本企業全体に影響を及ぼす変化が訪れています。それは，働き方改革の影響です。安倍内閣は，2016年9月に「働き方改革実現推進室」を設置し，働き方改革の実現を提唱しました。働き方改革は，安倍首相が掲げる「一億総活躍社会」実現のための取り組みです。具体的には，長時間労働の是正，非正規雇用者の待遇改善，子育て，あるいは介護をしながら働くことを可能とする，多様な働き方の実現などです。

働き方改革導入の背景には，近年の日本社会全体の変化があります。厚生労働省HPによれば，日本の現状として，「少子高齢化に伴う生産年齢人口の減少」，「育児や介護との両立など，働き方のニーズの多様化」などの課題に直面しています。そうした中，従来の長時間労働を是とし，男性正社員中心の働き方を見直す必要があると言われています。そのため，就業機会の拡大や意欲・能力を存分に発揮できる環境を作ることが重要な課題になってきているそうです[3)]。

政府のこうした動きに呼応して，有給休暇取得率の向上や残業時間の削減，仕事と介護の両立支援など，多くの企業で働き方改革のための取り組みが行われています。ミドルに対しても，「残業ありき」の働き方ではなく，自分の業務を見直し，効率化していくことが求められるようになっています。

3. ミドルに求められるスキル

そもそも，ミドル・マネジャーにはどのような能力が求められるのでしょうか。管理者に求められるスキルとしては，アメリカの経営学者であるロバート・L・カッツの管理スキル・モデルが有名です（**図表1-5**）。

1つ目は，テクニカル・スキルであり，与えられた問題に対する技術的な解

---

3) 厚生労働省「『働き方改革』の実現に向けて」より
https://www.mhlw.go.jp/stf/seisakunitsuite/bunya/0000148322.html

▶図表1-5　管理スキル・モデル

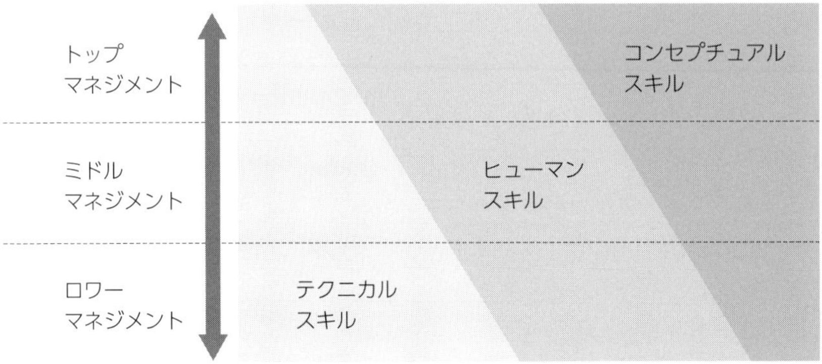

	テクニカルスキル	ヒューマンスキル	コンセプチュアルスキル
トップマネジメント			
ミドルマネジメント			
ロワーマネジメント			

出所：日本の人事部「マネジメント・管理職に求められるスキル」

決能力です。このスキルが必要なのは，特にロワーです。このスキルは，OJTだけでなくOff-JTで身につけることも可能と言われています。２つ目は，ヒューマン・スキルであり，問題に対する組織的な解決能力です。対人関係をうまく利用して問題を解決する能力です。これはすべての階層の管理者にとって必要であると言われています。３つ目は，コンセプチュアル・スキルであり，問題を発見し，挑戦すべき重要課題を立てて，自分自身や他人の前にそれを提示していく能力のことを指しています。このスキルが特に求められるのは，トップの管理職です。ミドルは，これら３つのスキルをバランスよく持つ必要があります。

ところで，前述のミドル・アップダウン・マネジメントや変革型ミドルの場合，特に重要なのはどのスキルでしょうか。われわれは，ヒューマン・スキルとコンセプチュアル・スキルの２つの能力が特に必要であると考えています。なぜなら，テクニカル・スキルは専門職が持つことで問題に対処できますが，トップとロワーをつなぎ，組織的かつ自律的な戦略的行動をとるためには，人間関係を形成するスキルと戦略実現のためのアジェンダを描くスキルの両方が必要であるからです。

現在の日本企業のミドルは，このようなスキルをどの程度持っているので

▶図表１-６　直属上司のマネジメントスキルの評点

マネジメントスキルの要素		平均点（10点満点）
目標設定	組織の目標を明確にし，組織内に浸透させられているか	4.61
目標達成	目標達成に向けた，道筋や手段の提示ができているか	4.40
人材育成	部下の育成・能力向上のための機会を設けているか	4.46
人材評価	正当で明確な評価を行っているか	4.87
タスク管理	組織のタスクを，適切な分担・スケジューリングで管理できているか	4.44
タスク創造	新たな取り組みに積極的に取り組んでいるか	5.03
組織内調整	組織内の風土・モチベーション向上に取り組んでいるか	4.45
組織外調整	他組織と円滑な折衝やコミュニケーションが取れているか	5.07
傾聴スキル	部下の報告，連絡，相談にしっかりと耳を傾けられているか	5.37
伝達スキル	組織内に必要な情報の共有，伝達が適切に行われているか	4.86
合計（100点満点）		47.6

出所：doda「ホンネの転職白書　上司のマネジメント力，部下からの評価は？」(https://doda.jp/guide/ranking/047.html）をもとに筆者作成

しょうか。25歳から39歳のビジネスパーソン800人を対象にして行われた調査（2011年11月７日発表）によれば，彼らの直属上司のマネジメントスキルに対する評価は，**図表１-６**のようになっています。調査対象者の年齢からみても，直属上司とはいわゆるミドル・マネジャーが大部分と考えて差支えないでしょう。この表を見ると，傾聴スキル（部下の報告，連絡，相談にしっかりと耳を傾けられているか）や組織外調整（他組織と円滑な折衝やコミュニケーションがとれているか）については，比較的点数が高いです。前述の３つのスキルでいえば，ミドルのヒューマン・スキルについては比較的高評価が得られているようです。

ところが，人材育成（部下の育成・能力向上のための機会を設けているか）や組織内調整（組織内の風土・モチベーション向上に取り組んでいるか）については，比較的辛い点が付けられています。また，目標達成（目標達成に向け

▶図表1-7　年代別の課長の強みと弱み

80年代	1991～2002年	2003～2007年	
強点			
要点把握力 バイタリティ 判断力 イニシアティブ 対面影響力 感受性	要点把握力 コントロール バイタリティ 感受性 判断力 対面影響力	成果管理 情報把握力 目標設定 責任性 バイタリティ 判断力	高評点から順に
弱点			
計画組織力 リーダーシップ 説得力 柔軟性 分析力 マネジメント・コントロール	計画組織力 創造力 分析力 リーダーシップ 柔軟性 決断力	リーダーシップ 創造力 ビジョン構築 戦略力 適応力 変革力	低評点から順に

出所：梅島（2008）より筆者作成

た，道筋や手段の提示ができているか）やタスク管理（組織のタスクを，適切な分担・スケジューリングで管理できているか）などについても評点が低いです。これらはコンセプチュアル・スキルに該当します。部下の育成やモチベーション向上も，目指すべき課題が明確でなければ有効に行うことは困難でしょう。現代のミドルにおいても，コンセプチュアル・スキルの獲得は大きな課題として残されているようです。

また，コンセプチュアル・スキルの獲得は，ミドル・マネジャーにとって近年ますます重要な課題になっているようです。**図表1-7**は，年代別の課長の強みと弱みの調査結果です（梅島, 2008）。この表を見ると，2003年以降，課長の強みには「目標設定」や「成果管理」といった項目が挙がってきているのに対し，弱みとして「ビジョン構築」「適応力」「変革力」といった項目が現れています。この傾向は，個人の業績目標を持つ課長が増加しているという，前述の（社）日本能率協会の調査結果と呼応していると思われます。近年の課長に求められる能力として，短期的な成果目標の達成が主となる一方，長期的なビジョンを構築し，状況に合わせて適応および変革していく能力が求められるようになり，その獲得がおろそかになっていることが示唆されています。前者の能力には，テクニカル・スキルが大きく関係していると考えられます。一方後者の能力には，コンセプチュアル・スキルが強く関連しているでしょう。

4. 現在のミドルが抱える現状と課題を調べる

近年，多くの日本企業は，コストの削減と収益力の増強をメインの経営課題と考え，アウトソーシングや組織のフラット化，成果主義の導入をはじめとした様々な組織改革に取り組んできました。その中で，従来日本企業の強みの源泉と考えられてきたミドル・マネジャーにも，大きな変化がもたらされました。その変化の多くは，従来のミドルの強みを減衰させるようなものであったのではないかと，われわれは考えています。これからの日本企業は，失われたミドルの活力を復活させる必要があると思います。もちろん一朝一夕にはいかないでしょうが。

われわれは，強い組織は強い職場を作り出しているのではないかと考え，強い職場を作り出している主役として，ミドル・マネジャーの役割は大きいと考えています。ミドル・マネジャーの再活性化によって強い職場が作られ，ひいては日本企業全体の活性化へと繋がるのではないでしょうか。とはいえ，たとえば変革型ミドルに見られるような，英雄的なミドル・マネジャーはそれほど存在しないのではないかとも思っています。また，あまり出すぎるミドルは，「打たれる」危険もあるでしょう。ミドルはフォロワーとしての側面も持っており，さらに上の上司のメンツを立てることも必要でしょう。

むしろ，日常的な仕事の積み重ねの中で，ミドル本人ならびに部下も仕事にやりがいを感じ，周りに良い影響を与えることを通じて，よりよい職場作りを行うミドル・マネジャーを目指すほうが，より多くの人々の実情に合っているのではないでしょうか。ドラスティックな変革だけが，強い職場を作るわけではないと思われます。

このような問題意識から，われわれは日本企業のミドルの現状について，今一歩踏み込んだ分析をするべきではないかと考えています。われわれの分析の焦点は，以下の通りです（具体的な調査項目は，章末の資料をご参照ください）。

- ミドル自身が重要と考える課題は何でしょうか。これまでの調査・研究では，ミドル本人がどのような課題を重視しているかに焦点が当てられていません。
- ミドルが抱える課題の中で，達成が難しい課題は何でしょうか。前述のスキルに関する議論からは，コンセプチュアル・スキルを要する課題達成が難しいのではないかという推測が成り立ちます。しかしながら，他にも達成が難しい課題があるかもしれません。
- 職場を離れたミドルの生活は，どのような状況でしょうか。たとえば，1か月の小遣い，残業の程度，あるいは配偶者や恋人と過ごす時間などは，ワーク・ライフ・バランスと関連し，ミドル自身のQOLに影響を及ぼしていると考えられます。

5. アンケートから見える現在のミドルの姿

調査はインターネットを通じ，全国の300人のミドル・マネジャーに回答いただきました。回答者の平均年齢は約46歳で，最年少は26歳，最年長は60歳でした。全体の53％は，40代でした。このうち男性は278名で全体の約93％でした。以下，分析結果を見て行きましょう。

5-1 重視されている課題

現代のミドルが重視している課題は何でしょうか。**図表1-8**には，重視度ベスト10とワースト10を掲載しました。

図表1-8を見ると，部下に関する項目がベスト10上位にもワースト10にも多くランキングしていることがわかります。特に，部下のモチベーションの向

▶図表１-８　重視されている課題／されていない課題

ベスト10		平均値
Q9_10	部下をやる気にさせること（動機付けること）	3.35
Q9_5	部下の失敗をフォローすること	3.34
Q9_6	社内ルールを守らせること	3.29
Q10_1	他の部門との連絡及び調整を行うこと	3.28
Q9_1	社内（組織全体）の情報を自身の職場（部下）に伝えること	3.27
Q9_3	部下別の指導育成を考え実践すること	3.24
Q9_4	職場で模範を示すこと	3.23
Q10_7	個人よりも全体を考え行動すること	3.19
Q10_14	職場の問題解決策を自分自身で考えること	3.19
Q8_1	直属の上司との関係を上手く保つこと	3.16
ワースト10		
Q10_12	より上のポジションを狙うこと	2.49
Q8_8	上司（部長クラス・経営陣）とコミュニケーションを取るための話題作りをすること	2.44
Q9_15	仕事中に部下に冗談を言ったり，部下から笑いを取ること	2.44
Q9_12	部下に嫌われないようにすること	2.4
Q9_7	部下とインフォーマルな付き合い（飲み会や趣味）をすること	2.4
Q10_11	家庭より仕事を優先すること	2.35
Q9_11	部下の会社以外の私生活（家族のことや趣味など）を把握すること	2.34
Q9_13	部下のために雑用をすること	2.3
Q8_5	上司とインフォーマルな付き合い（飲み会や趣味）をすること	2.27
Q8_7	上司の会社以外の私生活（家族のことや趣味など）を把握すること	2.03

上や失敗のフォロー，社内ルールの遵守などが挙がっており，ミドルの重視する課題が「現場監督」的性格を持っていることがわかります。一方，重視されていない課題として，インフォーマルな課題が多く挙げられています。仕事や会社を離れた課題までは，手が回りにくい現状が現れているようです。なお，組織の規模では，これらの課題の重視度には違いがありませんでしたが，ミド

▶図表1-9　部下の数によって重視度が異なる課題

		5名以下	6名～10名	11名～30名	31名以上
Q8_5	上司とインフォーマルな付き合い（飲み会や趣味）をすること	2.09	2.29	2.46	2.38
Q9_1	社内（組織全体）の情報を自身の職場（部下）に伝えること	3.1	3.33	3.35	3.52
Q9_7	部下とインフォーマルな付き合い（飲み会や趣味）をすること	2.16	2.52	2.49	2.62
Q9_13	部下のために雑用をすること	2.15	2.33	2.51	2.31
Q9_15	仕事中に部下に冗談を言ったり，部下から笑いを取ること	2.27	2.48	2.63	2.45
Q10_11	家庭より仕事を優先すること	2.32	2.2	2.49	2.69

注：網掛けは，最も高い数値を表している。

ルが抱える部下の数では，いくつかの項目で統計的な違いが見られました（**図表1-9**）。

全体的な傾向として，抱える部下の数が多いほど，前述のインフォーマルな課題の重視度が増加しています。すなわち，部下の数が多いミドルは，仕事以外に重視すべき課題が多くなる傾向があるようです。

5-2　達成が難しい課題

次に，課題の達成度に目を向けてみましょう。ここでは，重視度に占める達成度の割合を計算し，達成度が低い項目を掲載しました。具体的には，各課題に関する重視度から達成度を引き，その値の大きさを課題達成の困難度として計算しています。

図表1-10を見ると，キャリアに関する課題が比較的多く挙げられていることがわかります。特に，社内外の人間関係を形成する課題については，達成が難しいようです。また，部下のモチベーションを高めたり，部下の指導育成に関わる課題も達成が比較的困難であるようです。

▶図表1-10　達成困難な課題

		平均値
Q10_13	立場に見合った報酬を得ること	0.61
Q9_10	部下をやる気にさせること（動機付けること）	0.61
Q9_3	部下別の指導育成を考え実践すること	0.45
Q10_15	仕事以外で仕事能力に関する自己啓発をすること	0.41
Q10_5	社外の重要人物と会うこと	0.38
Q9_4	職場で模範を示すこと	0.37
Q10_4	能力の高い部下を集めること（自身の側近にすること）	0.37
Q9_6	社内ルールを守らせること	0.35
Q9_2	部下の仕事上の行動を詳細に把握すること	0.33
Q8_4	ミドル自身の考えを上司（部長クラス・経営陣）に伝え説得すること	0.32
Q10_9	何でも相談できる同僚の管理職を持つこと	0.32

▶図表1-11　部下の数によって困難度が異なる課題

		5名以下	6名～10名	11名～30名	31名以上
Q8_3	部下の提案を上司（部長クラス・経営陣）に伝え説得すること	0.24	0.21	0.52	−0.07
Q8_7	上司の会社以外の私生活（家族のことや趣味など）を把握すること	−0.21	−0.09	0.08	−0.41
Q9_13	部下のために雑用をすること	−0.36	−0.24	0.08	−0.17
Q9_15	仕事中に部下に冗談を言ったり，部下から笑いを取ること	−0.25	−0.26	0.06	−0.48
Q10_11	家庭より仕事を優先すること	−0.08	−0.39	0.08	−0.24
Q10_12	より上のポジションを狙うこと	0.37	0.08	0.17	−0.03

注：網掛けは，最も高い数値を表している。

ここでもまた，部下の数別に達成困難度に違いがないか分析してみました。その結果，表の課題について統計的な違いが見られました。

図表1-11を見ると，部下の数が11名から30名のミドルについて，比較的困

▶図表1-12　ミドルの小遣い

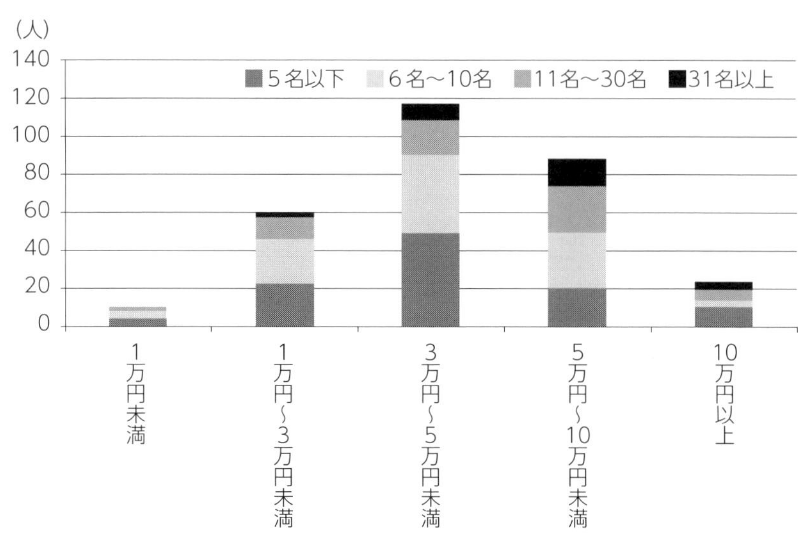

難度が高いことがわかります。このレベルのミドルは，上司や部下の関係に関する課題達成が難しいようです。それ以上部下を抱えているミドルは，意外にも困難度は低いです。おそらく，11名から30名の部下を抱えるミドルは，本来の管理者としての役割とプレーヤーとしての役割の両立が，最も困難なのかもしれません。それ以上の部下を抱えるミドルは，管理職としての役割に専念できるのではないでしょうか。

また，部下数５人以下のミドルは，より上のポジションを狙うという課題について，比較的困難を感じています。おそらく，部下の数が少ないと，社にアピールできるだけの成果を出しにくいのではないかと考えられます。

5-3　職場以外のミドル

次に，仕事現場を離れたミドルの生活について現状を見てみましょう。まずは，１か月の小遣いの額です。**図表１-12**を見ると，３万円から５万円の範囲が最も多いことがわかります。部下の数が多いミドルほど，小遣いの額は多い

▶図表1-13　上司／部下と飲みに行く回数（1月あたり）

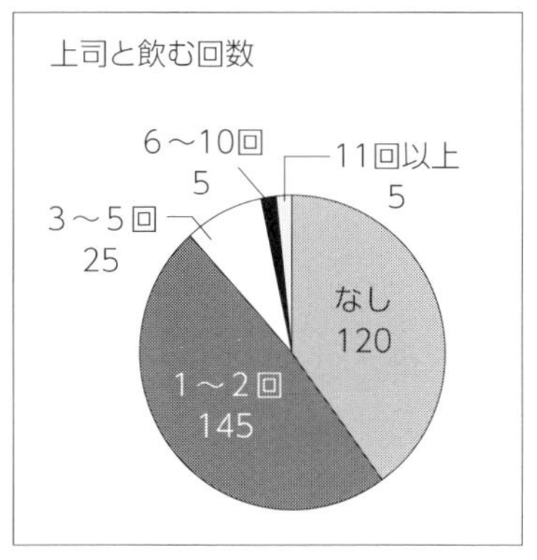

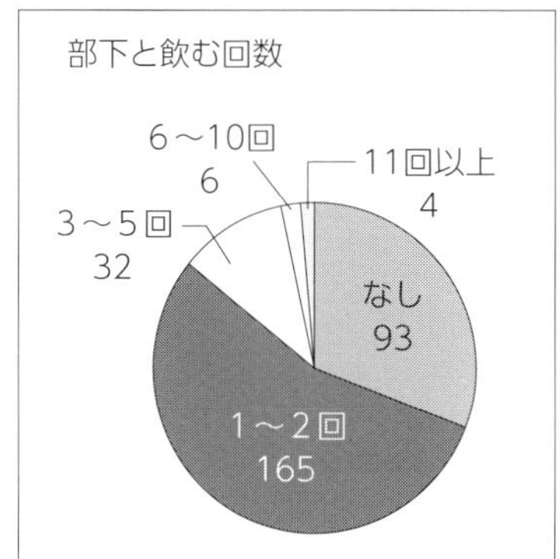

傾向にあるようです。

また，上司や部下と飲みに行く回数についても尋ねました（**図表1-13**）。その結果，上司とは飲みに行かないという人は全体の40％を占めていました。月に1，2回というミドルが，全体の約半数を占めていました。部下と全く飲みに行かないというミドルも，30％を超えていました。最も多かったのは，月に1，2回であり，全体の55％にのぼっています。類似の研究がないので比較できませんが，上下間の職場外でのインフォーマルな付き合いは，かなり少ないように思われます。

一方，配偶者や恋人と過ごす時間についてですが，約6割のミドルが週に10時間以上を確保しているようです（**図表1-14**）。上の結果と合わせると，現代のミドルは，部下や上司と飲みに行くよりも，家族や恋人と過ごす時間を大切にする傾向があると推測できます。

次に残業の程度について尋ねました。月平均残業時間は，40時間以内のミドルが全体の約70％を占めていました（**図表1-15**）。

5-4　ミドルの満足度に影響する要因は何か

最後に，ミドルの仕事上の満足度に，どのような要因が関係しているか分析

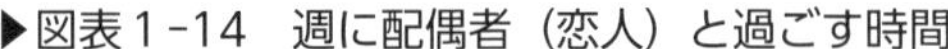

▶図表1-14　週に配偶者（恋人）と過ごす時間

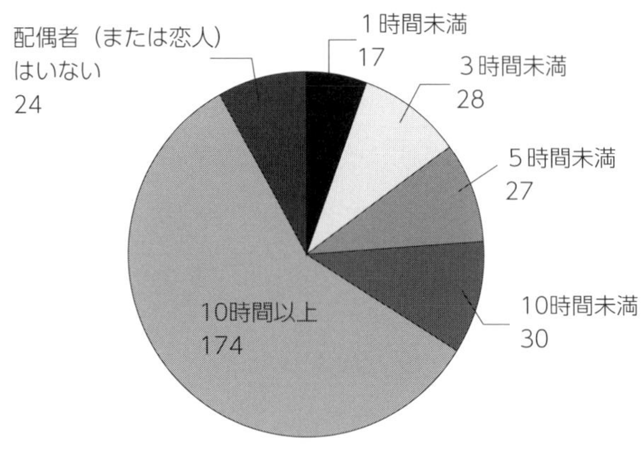

▶図表1-15　月平均残業時間

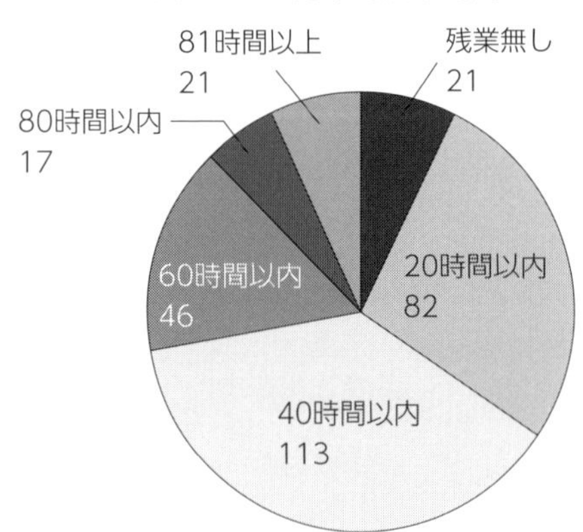

しました。説明のために用いたのは，各課題の達成度と私生活に関連する変数です。逐次法回帰分析（関連する変数を自動的に選択する分析方法）の結果，**図表1-16**のような発見事実が得られました。

図表1-16の数値は回帰係数と言い，満足度に影響している度合いを示しています。分析結果を見ると，特に，1か月の小遣い，月平均の残業時間が，大きな影響を与えています。詳しく分析したところ，小遣いと満足度の関係は，

▶図表１-16　満足度への影響

Q14	1ヵ月の小遣い	0.16
Q20_1	月平均の残業時間	−0.13
Q13_14	職場の問題解決策を自分自身で考えること	0.15
Q11_3	部下の提案を上司（部長クラス・経営陣）に伝え説得すること	0.11
Q11_1	直属の上司との関係を上手く保つこと	0.13
Q12_3	部下別の指導育成を考え実践すること	0.13
	決定係数	0.2

５万円以上と５万円未満で比較的顕著な違いが見られました。また，残業時間がないミドルの満足度は高く，一方で81時間以上のミドルの満足度は急落しています。

達成度について見ると，職場の問題解決案を自分で考えるという課題，部下の提案を上司に伝えて説得する課題，直属上司との関係をうまく保つ課題，そして部下別の指導育成を考え実践するという課題を達成することが，満足度を高めるという結果となりました。これらの課題達成に必要なスキルについて考えてみると，問題解決を考える課題は，コンセプチュアル・スキルが大きく関連していると思われます。また，提案を上司に伝えて説得したり，部下別の指導育成を考え実践する課題の達成には，ヒューマン・スキルとコンセプチュアル・スキルの両方が必要でしょう。直属上司との関係をうまく保つ課題を達成する上で最も必要なのは，おそらくヒューマン・スキルと思われます。

こうした課題達成のためのスキルを身につけるには，何が必要でしょうか。われわれは，小遣いと飲み会を取り上げ，課題達成度との関係を見ることにしました。すると，小遣いの額は課題達成度と統計的に意味のある関係がありました。また，職場の問題解決を考えるという課題達成と，部下と上司とのインフォーマルな飲み会の回数の間に意味のある関係がみられました。直属上司との関係をうまく保つことと，上司との飲み会の回数の間にも，意味のある関係がありました。部下別の指導育成の実践に対しては，部下との飲み会の回数との関係がみられました。課題達成と飲み会の回数との関係を詳細に見ると，いずれも飲み会がゼロというミドルの達成度が最も低いという結果でした。11回以上飲み会を行うミドルの達成度も高かったのですが，あまり現実的または健康的とは言えないでしょう。1か月に1回から5回ぐらいが，満足との関係でいえば最も効果的であると言えそうです。小遣いの額はこうした飲み会の回数とも関係があり，ミドルがスキルを身につけるための重要な原資になっている可能性が示唆されています。

6. まとめ

6-1　ミドル・マネジャーの仕事

調査結果よりミドル・マネジャーは，組織のフラット化や求められる役割の変化の中で，個人の業績目標と管理者としての目標の間で苦労している姿が見受けられました。90年代までは，企業の終身雇用の風潮があったものの，現在では管理者といえども生き残りをかけた戦いとなっています。その影響もあって，短期的な目標を追いかけるようになっているのではないでしょうか。

図表1-17は，日本経営協会が実施した調査の一部です[4)]。所属部署の管理者として日頃心掛けていることに関する調査ですが，部下の能力向上が最も多く，部下個々との意思疎通も上位に入っています。今回のわれわれの調査でも，ミドル・マネジャーの重視している課題として部下に関する問題が上位に入っていることから，調査時期は異なるものの，部下への育成を実行する努力をしているように見受けられます。

しかしながら，部下の健康管理や部下の精神衛生管理では，日頃心掛けているという回答は少数でした。これは，上司の役目として部下の育成はするが，部下の個人的な部分には踏み込まないということを表していると考えられます。

---

4)「日本の中間管理職白書2009」24-25頁，社団法人日本経営協会。

▶図表1-17　所属部署の管理者として日頃，心掛けていること

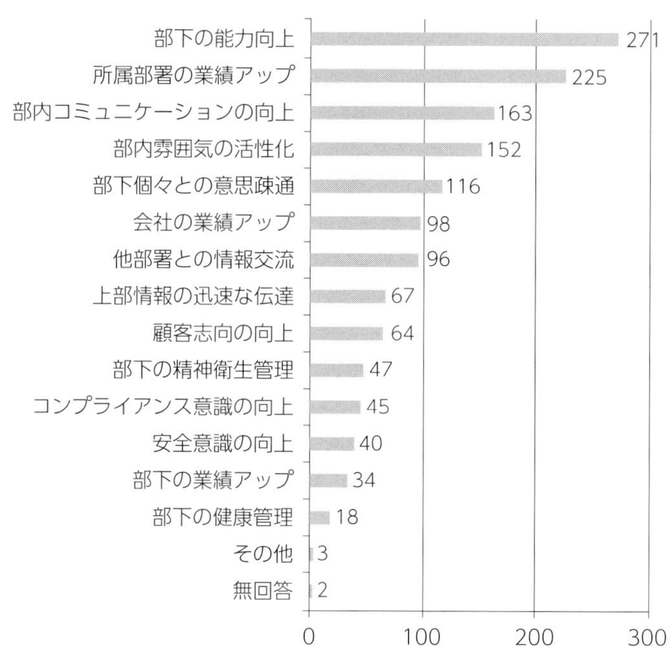

出所：日本経営協会「日本の中間管理職白書2009」24〜25頁

つまり，上司として必要最低限のことはするが，それ以外のことは部下の責任だと割り切っているのかもしれません。

このように仕事の上では，管理者の受け持つ部門または課の業績，部下の育成，上司とのコミュニケーションと様々な役割をミドル・マネジャーは持っています。そのためにミドル・マネジャーはストレスが溜まりやすく，疲弊しやすくなっていると言われています。

しかし，ミドル・マネジャーは悪いことばかりではないようです。今回のアンケート調査でミドル・マネジャーの満足度を高める回答では，「職場の問題解決策を自分で考えるという課題」「部下の提案を上司に伝えて説得する課題」「直属上司との関係をうまく保つ課題」，そして「部下別の指導育成を考え実践するという課題」を達成することが満足度を高めるという結果が得られました。

これらがミドル・マネジャーという仕事の魅力であると言えるのかもしれません。

このように最近は，仕事と私生活のバランスを重視するミドル・マネジャーが増加し，時間をうまくコントロールできるミドル・マネジャーが満足度も上げられるようです。ミドル・マネジャーという仕事は，非常に幅広い業務内容ですが，その業務の魅力を理解し，また仕事だけでなくプライベートも両立できるというタイム・マネジメントができることが必要と言えるでしょう。

6-2　職場以外での姿

次に，職場以外での生活に焦点を当てて考察します。アンケート調査にもあるように，部下や上司とのインフォーマルな付き合い，ならびに上司または部下の私生活を把握することについては，あまり重視していない結果が出ています。これは，業務が多忙で手が回らないということもありますが，プライベートな部分まで立ち入らない風潮も影響しているのではないかと考えられます。特に近年は，上司からのパワハラ・セクハラが取り上げられることが増加し，これらの問題に対して上司は慎重になっているのではないでしょうか。特に部下に対しては，コミュニケーションを図ろうとしたのに，部下からパワハラ・セクハラと言われるケースもあるため，上司は部下と飲みに行く機会はあっても，部下のプライベートに関与することには慎重になっているのかもしれません。ミドル・マネジャーとその上司との関係も同様に，そのような問題があるのかもしれません。

また，ミドル・マネジャー本人の私生活に関しては，家族・恋人とともに過ごす時間が多いことから，私生活も重視する傾向が以前より強くなってきていると考えられます。残業時間が40時間以下であるとの回答が，全体の70％でした。このことから，比較的私生活に費やす時間も取れていると考えられます。その結果，約６割のミドルが週に10時間以上を「家族・恋人と過ごす時間」に充てているのでしょう。つまり，ある程度QOLを高めることができていると考えられます。

しかし，相関分析からは職場以外の過ごし方が，仕事の達成度にも影響を及ぼしていることが示唆されました。すなわち，月に１度も上司や部下と飲みに行かないミドルの課題達成度が，最も低かったのです。また，小遣いの額も課題達成度や満足度に関係があることが見られました。職場以外での飲み会は，ある程度の回数であれば，むしろミドルの仕事にはいい影響を与えるようです。そのためには，現実的な金額として月に５万円の原資が必要となってくるようです。

7. さいごに

この章では，ミドル・マネジャーが直面する課題や取り巻く状況について，アンケート調査を中心に考察しました。アンケート調査では，職場におけるミドルだけではなく，職場外のミドルの状況についても尋ねることで，より多面的な姿を明らかにできたのではないかと思います。

本章の最後に，調査結果が示唆する，ミドル・マネジャーが課題達成と満足度を向上させるために必要な３つの要件について述べたいと思います。

(1)　残業時間は，できるだけ少なくする

われわれの調査によれば，残業時間が月80時間を超えてくると，ミドルの満足度が急速に低下します。これは単に働きすぎおよびプライベートの時間の減少をもたらすだけでなく，職場外における人間関係の形成や知識の蓄積の機会を奪うことにつながることが原因だと思われます。残業時間を少なくすることは，様々な効果が期待できます。たとえば，以下に述べるように，職場外で上司と部下と接触する機会を持つことで，ヒューマン・スキルの向上が期待できます。また，社外の人物と会ったり，様々な情報に触れることで，コンセプチュアル・スキルの向上も望めるのではないでしょうか。

⑵　職場だけでなく，職場外における上司や部下との関係を大事にする

われわれの調査では，職場外で全く上司や部下と飲みに行かないミドルの課題達成度は，最も低い水準になっています。残業時間を削っても，それによって職場での人間関係が希薄になるようでは，ミドルとしての仕事を達成する上では支障をきたすようです。上司との関係をうまく保ち，部下別の指導育成を考え実行する課題を達成するためには，職場外における接触が重要です。古い考えのようですが，仕事を離れた場で，互いの違った側面を見せ合うことにより，信頼関係が形成されることで，良好な人間関係が形成されるのではないでしょうか。

また，職場外の人間関係形成のための原資も必要です。調査からは，月５万円の小遣いが確保できるか否かが，ミドルの満足度の分岐点であることが示唆されています。この金額が確保できない場合は，喫茶店など飲み会以外の接触機会を考えてもいいと思います。

このように，われわれの調査結果からは，職場（ワーク）と私生活（ライフ）の間に，中間領域があり，これをうまくマネジメントすることがミドルに求められていると思われます（**図表１-18**）。この中間領域では，職場外で職場の上司や部下と接触したり，あるいは勉強会や自己啓発など，主に仕事やキャリアに関連する活動が行われると想定しています。この中間領域での活動を通じ，ヒューマン・スキルやコンセプチュアル・スキルを養うことができると思われます。ワークとライフのどちらが大きくなっても，この中間領域は小さくなります。また，この中間領域が大きくなりすぎると，ワークやライフにしわ寄せがくる危険があります。ミドル・マネジャーのタイム・マネジメントは，ワークとライフのバランスだけでなく，この中間領域を含めた３つの活動領域のバランスをうまく取ることではないでしょうか。

⑶　フォロワーシップを発揮する

部下の人数は，ミドルの課題の困難度と関連がありました。11人から30人の部下を抱えるミドルが，最も課題達成に対し困難を感じていました。特に，部

▶図表1-18　ミドル・マネジャーの3つの活動領域

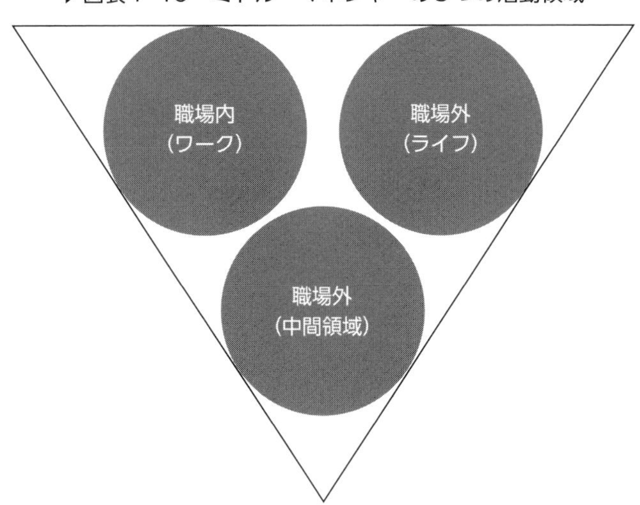

下の提案をさらに上の上司に伝え，説得する課題について困難を感じているという結果でした。おそらく，これくらいの人数の職場のマネジメントが，一番難しいのかもしれません。こうした職場を率いるミドルは，部下の育成とともに上司へのフォロワーシップ（第2章参照）の発揮が求められると思われます。

アカデミック・コラム

日本のマンガにみるサラリーマンの姿

サラリーマンという言葉が一般に普及し始めたのは，大正から昭和初期にかけてであると言われている。鹿島（2018）は，そのころのマンガに描かれたサラリーマンを対象に，初期のサラリーマンイメージの形成と変遷を分析している。研究対象となったのは，当時の人気漫画家北沢楽天が「時事漫画」に掲載したサラリーマンマンガ297作品である。

鹿島（2018）によれば，大正時代前半のサラリーマンは，物価騰貴や資本家あるいは上司に翻弄される存在，また不景気では馘首を恐れ，再就職もままならない存在として描かれている。これには，1920年（大正９年）の戦後恐慌が大きな影を落としているという。その後景気の回復とともに，サラリーマンは立場の弱い被用者としてだけではなく，よりよい生活を営む消費者としても描かれるようになっていく。

敗戦後，日本人の男らしさの象徴は軍人からサラリーマンへと移っていく。戦後の20年間で，サラリーマンは軍人にとって代わり，「理想的市民」となっていった（Dasgupta, 2017)。サラリーマンは，男らしさの支配的言説によって形成され，またその言説を体現した企業の「理想」と男らしさの「理想」として表現されていった。典型的なサラリーマンは，中流階級でしばしば大卒であり，卒業してすぐに二十代前半で組織に入る。一度組織に属したら，忠誠，勤勉，献身，自己犠牲を求められるというイメージが形成された。

しかし一方で，サラリーマンに求められるこうした男らしさが，彼自身や家族に犠牲を強いていることに対する葛藤や批判も存在した。Skinner（1979）は，1974年から1976年にかけて出版されたサラリーマンマンガ（『フジ三太郎』，『ショージ君』，『花の係長』など）を分析し，サラリーマンマンガで描かれているのは，肩書きに執着し，部下と上司の板挟みにあい，女房の尻に敷かれ，狭い団地住まいと遠距離通勤に苦しむ姿であると述べている。サラリーマンマンガの作者は，その姿を時にペーソス（悲哀，哀愁）を交えながらユーモラスに，また時には直接的に表現している。サラリーマンマンガが人気を得たのは，読者である彼ら自身のこうした欲求不満や不満足が描かれていたからであると，Skinner（1979）は述べている。

さらに，80年代以降の人気サラリーマンマンガ（『課長島耕作』，『サラリーマン金太郎』）を分析したMatanle, McCann and Ashmore（2008）によれば，80年代と90年代では，主人公は理想的男性モデルであり，戦後日本の高度成長を支えた価値観を維持するために，内なる敵と戦う人物として描かれているという。しかし，2000年代になると，主人公（矢島金太郎）は，アメリカ的資本主義ならびにそのグローバル化という外敵と戦う人物として描かれるようになった。この強敵との戦いの中で，金太郎は日本のサラリーマンの高潔な男性的アイデンティティを再確認させる役割を果たしているという。バブル崩壊やリーマン・ショックなどの経済危機に直面し，雇用環境も大きく変化する中で，近年の日本のサラリーマンは金太郎の男らしさに懐古的なあこがれを感じるのかもしれない。

第2章 活き活きした職場をつくる「フォロワーシップ」

1. はじめに

読者のみなさんの中で「リーダーシップ（Leadership）」という言葉を聞いたことがない方はおられないのではないでしょうか。「リーダーシップ」はもはや日本語として定着しており，リーダーシップ開発研修などは世の中に溢れています。では，「フォロワーシップ（Followership）」という言葉はご存知でしょうか。おそらくリーダーシップほどは，日本語として十分に定着しているとは言えないと思います。リーダーシップはリーダーが部下に対して及ぼす影響力を意味していますが，フォロワーシップは部下がリーダーに向けて発揮する影響力を意味しています。特に本章では，フォロワーシップとは，「組織のゴールをリーダーと共有し，そのゴールに向かってリーダーや組織に対して発揮される影響力」と定義したいと思います。

それでは，部下が上司であるリーダーや組織に影響力を発揮するとは，どういうことでしょうか。ここではまず，サッカー日本代表を例にフォロワーシップの意味について考えていきたいと思います。

2. サッカー日本代表におけるフォロワーシップ：長谷部誠選手の例[1)]

2010年サッカーワールドカップの南アフリカ大会で日本代表のキャプテンを務めた長谷部誠選手が発揮したフォロワーシップを紹介したいと思います。長谷部選手は，2018年ワールドカップの日本代表のキャプテンも務め，歴代の日本代表の中で最長のキャプテンでもあります。2010年大会直前の強化試合では，韓国，イングランド，コートジボワールに立て続けに敗戦し，岡田監督が目標に掲げた「ベスト４」どころか，予選突破すら危ぶまれていました。しかし，この2010年大会は，予選第１試合のカメルーン戦を１－０で勝利した後，当初の予想を上回る快進撃で岡田ジャパンが決勝トーナメントに進出したことで，日本中が「岡ちゃん，ごめんね」と言ったことで有名になった大会になりました。

長谷部選手はワールドカップ直前に岡田監督に呼ばれ，長きにわたって日本代表のキャプテンを担ってきた中澤佑二選手に代わってゲームキャプテンを依頼されました。「まさか自分がキャプテンに指名されるとは」と，面喰らい一度返事を保留したそうです。長谷部選手自身，代表メンバーの中で年齢がちょうど中間ぐらいだったことや，もっとキャプテンを担うのにふさわしい選手が他にいると思い，監督の依頼を断ることを決心しました。その旨を岡田監督に伝えに行ったところ，監督に「中澤選手と話し合って決めたことだから引き受けてもらいたい」と強く言われたため，仕方なく引き受けることにしました。キャプテンを引き受けて最初に考えたことは，キャプテンになったからと言って急に何かを変えるのではなく，「ずっと取り組んできたスタイルは変えず，なるべく客観的にチームを見まわしてチームに足りないところを探し，チームを整える存在でいようと考えた」ということです。

具体的に長谷部選手が行ったこととして，次のようなエピソードがあります。

1）　この節のエピソードは，長谷部（2011）から引用している。

闘莉王選手が「国歌斉唱の時にみんなで肩を組みたい」と言っていたのを聞いた大久保選手は，これは意味があることだと思い，キャプテンである長谷部選手に伝えました。そこで長谷部選手は岡田監督に，「選手が国歌斉唱の時に肩を組みたいと言っているので，ベンチでも肩を組んでもらえますか？」とお願いに行ったところ，岡田監督は快諾してくれたので，大会当日の国家斉唱の時にピッチにいる11人とベンチにいる選手とスタッフ全員が肩を組んだそうです。その時，「全員の気持ちが１つになったと感じる瞬間だった」と長谷部選手は振り返っています。長谷部選手はチームメイトの意見を吸い上げてリーダーである岡田監督にチームメイトの思いを伝え，その長谷部選手の行動が岡田監督（リーダー）を動かしました。

もう１つのエピソードは，出場選手が得点をしたときにベンチに行って控え選手と喜びを分かち合うパフォーマンスです。それを行う約束が選手の間で結ばれたのは，長谷部選手の経験がベースにあったからだと言われています。長谷部選手は初めて日本代表に選ばれた試合に家族を呼びましたが，出場機会を与えられることなくその試合が終了した苦い経験を持っていました。したがって，控え選手の気持ちは痛いほどよくわかっていました。カメルーン戦で本田圭祐選手が得点をした時，本田選手は興奮して一瞬観客席の方に向かおうとしましたが，約束を覚えていたチームメイトが本田選手をベンチの方に促して，控え選手のところに駆け寄ってチームが一体となってその歓喜を分かち合いました。これも岡田監督に指示されて行った行為ではなく，先発選手が自主的に行ったものなのです。ここから岡田ジャパンが見違えるような快進撃をはじめたのです。

凱旋帰国後，長谷部選手はサッカーワールドカップ南アフリカ大会を次のように振り返っています。「岡田監督が目標に掲げていたベスト４に届かず，大きな悔しさが残ったが，大会を戦っていくうちに選手は１つの絆で結ばれていき，これまで経験したことがないほど仲間意識が芽生えていった。このチームメイトたちとなら，自分の選手生命をかけてもいいとすら思った」と。そして，選手だけで集まってワールドカップの打ち上げを行い，長谷部選手が自ら幹事を買って出ました。

このように，長谷部選手はキャプテンとしてメンバーにリーダーシップを発揮する立場でしたが，同時に監督に対しても影響力，すなわちフォロワーシップを発揮していたといえそうです。そのフォロワーシップが，チームの結束力や自主性を高め，快進撃につながる一因となったと考えられます。次節では，フォロワーシップについてこれまで行われた研究を２つ紹介します。

3. フォロワーシップのこれまでの研究

3-1　ケリー（1992）の研究

カーネギー・メロン大学のロバート・ケリー教授によると，フォロワー（Follower）の語源は古高地ドイツ語のfollaziohanで，「手伝う，助ける，援助する，貢献する」という意味だそうです。ちなみに，古高地ドイツ語のLeaderにあたる言葉は「忍ぶ，苦しむ，耐える」という意味だそうです。もともとの意味において，フォロワーというのは，「苦しみに耐え忍ぶリーダーに力を貸す」存在でした。フォロワーとリーダーの関係は共生関係であり，私たちはリードもするしフォローも行います。どちらが優れているというものではなく，組織においては両方が必要です。

ケリー教授らは，組織におけるリーダーシップとフォロワーシップの貢献度を調査しました。その結果，「組織の成功に対するリーダーの貢献度は10～20％にすぎない」と述べています。残りの80～90％にあたるフォロワーシップが，組織の成功を左右する真の人的要因であるとケリー教授は主張します。

それでは，どのようなフォロワーシップが望ましいのでしょうか。ケリー教授は，同じ組織で働く中で「最高のフォロワー」，「最低のフォロワー」，「典型的なフォロワー」はそれぞれどのような人物なのかをインタビュー調査しました。その結果，フォロワーは次の２つの次元で分類することができると主張し

▶図表２-１　ケリー（1992）のフォロワーシップモデル

批判的，自立的

	消極的	積極的
批判的，自立的	孤立型	模範的
	実務型	
無批判，依存的	消極的	順応型

無批判，依存的

ています。第一の次元は，「積極的－消極的」次元です。これは，自ら積極的に行動するか，あるいは受け身で対応するかを表す次元です。第二の次元は，「批判的，自立的－無批判，依存的」次元です。これは，リーダーに対して批判的に思考し，かつリーダーから自律的な存在なのか，リーダーに対しては無批判で依存的な存在なのかを表す次元です。この２次元を用いて，フォロワーシップは**図表２-１**のような５つのタイプに分類することができます。

それでは，これら５つのタイプについて各々見ていきます。消極的で無批判，依存的なフォロワーは「消極的」タイプです。このタイプは，自ら行動を起こすこともほとんどなく，職場で起こることにもあまり関心がありません。非常に受け身な存在です。積極的で無批判，依存的なフォロワーは「順応型フォロワー」です。このタイプは，リーダーの指示には逆らうこともなく，積極的に従います。

批判的で自立的かつ消極的なのは，「孤立型」タイプです。仕事はできるが，期待が満たされなかったり，リーダーとの信頼関係が崩れると，このタイプのフォロワーになりやすいと言われています。いわゆる，一匹狼的な部下です。批判的で自立的かつ積極的なフォロワーは，「模範的」タイプと呼ばれています。このタイプは，積極的かつリーダーに対して建設的な批判を行うことで成果をあげることができます。さらにこのタイプは，リーダーを育て，自ら良きリーダーになることができます。

これらのどのタイプでもないフォロワーは，「実務型」タイプと呼ばれています。このタイプは，状況を見ながら自分の意見や行動を決める打算的タイプです。たとえば，権力者と対立することを避け，リーダーと対立しないように，かつ失敗もしないように無難に仕事をこなします。組織が不確実性の高い状態に陥ったときに生まれやすく，失敗を避けるタイプのフォロワーと言われています。

この中でケリー教授が推奨するのは，「模範的」タイプです。リーダーを育て，自らもリーダーとなって組織に貢献するこのタイプが多い組織は，高い成果を挙げることができると主張しています。

3-2　チャレフ（1995）の研究

チャレフ教授もまた，リーダーよりもフォロワーの方がはるかに多いのにも関わらず，研究対象にほとんどされてこなかったことに疑問を持ちました。そしてフォロワーの従順，画一的な負け組のイメージを払拭し，「勇敢なフォロワー」となってフォロワーシップを発揮すべきだと強調しました。

チャレフ教授は，組織は共通目的とリーダーシップとフォロワーシップからなり，フォロワーシップの価値は，リーダーと組織が共通目的を追求することをどれだけ手助けできるかによって決まると述べています。そのためにフォロワーはリーダーと対等な立場であることを認識し，「責任を負う」「リーダーに仕える」「異議を申し立てる」「変革に関わる」「道義的な行動を起こす」という５つの行動を起こす必要があると主張しています。

チャレフ教授は，フォロワーがリーダーを支える度合いである「支援（高）－支援（低）」次元と，リーダーが組織の目的の価値を損なった場合にフォロワーが異議を申し立てる度合いである「批判（高）－批判（低）」次元の２軸で，フォロワーシップを４つのタイプに分類しました（**図表２-２**）。

リーダーへのサポートは少なく，批判もしないフォロワーは「従属者」と呼ばれています。このタイプは，給料に見合うだけの仕事はするが，それ以上の

▶図表２-２　チャレフ（1995）のフォロワーシップモデル

	批判（高）		
支援（低）	個人主義者	パートナー	支援（高）
	従属者	実行者	
	批判（低）		

働きはしない傾向にあります。仕事上で成長することも，組織に多大な貢献を果たすこともしないフォロワーです。リーダーに対するサポートは少ないが，批判はするフォロワーは「個人主義者」です。このタイプは，服従心がきわめて乏しく，リーダーや組織のメンバーの行動や方針について自分の意見をズケズケと言います。

上司へのサポートは行うが，批判はしないフォロワーは「実行者」と呼ばれています。このタイプの特徴は，職務をきっちり果たし，監視したり説明したりする必要があまりない点にあります。ただし，リーダーが道を踏み外しても警告を発しないフォロワーでもあります。

上司へのサポートも批判もするのは，「パートナー」と呼ばれるフォロワーです。このタイプは，リーダーを精力的に支えると同時に，リーダーの言動や方針に対して自分がおかしいと思えば積極的に異議を唱えるフォロワーです。チャレフ教授もまた，このタイプのフォロワーが，組織が成果を挙げる上で必要であると述べています。

これらの研究をまとめると，組織に求められるフォロワーとは，積極的にリーダーを支援しつつ，リーダーに対して批判的であり，自律的であるような部下であると言えるでしょう。このようなフォロワーシップは，日本でも注目されつつあります。次節では，日本企業においてフォロワーシップが注目される理由について説明したいと思います。

4. フォロワーシップが注目される背景

フォロワーシップという視点がなぜ必要なのかについて，日本企業が迎えている社会的環境の変化に関して２点触れたいと思います。

第一に，ミドルの業務量の増加です。第１章で見たように，近年ミドルがこなす業務は増えているという認識があります。また，「上場企業の課長に関する実態調査[2)]」によると，実に課長の99.2％が職場のマネジメントを担いながら，プレイヤーとしても業務を行っているそうです。また，仕事の半分以上がプレイヤーとなっている課長は48.2％にも上っています。このような状況を見ると，ミドルリーダーにはこれまで以上に部下のフォロワーシップが必要なのではないでしょうか。上司の命令を待つだけではなく，自ら考えて動き，時には上司にも意見するような部下は，忙しいミドルにとっては重要な存在となってきていると思われます。

第二に，日本企業の組織構造の変化，いわゆる組織のフラット化が挙げられます。「人材マネジメント調査2009」によると，組織のフラット化を実施している日本企業は全体の31.6％，副職位の廃止を行った企業は23.5％，階層を減らした企業は28.6％，組織の大括り化を行った企業が29.6％と，多くの企業が組織階層を減少させています。組織のフラット化が進むと，リーダー１人当たりの部下の人数が増えていくでしょう。そうなれば，部下１人ひとりに十分なリーダーシップが行き届かなくなる可能性があります。これもまた，積極的なフォロワーが必要となる一因となると考えられます。

このように，近年の日本企業は従来にもましてフォロワーシップの発揮が求められるようになってきていると考えられます。次節では，具体例を交えなが

---

2)　学校法人産業能率大学が2012年12月７日～12月10日に，従業員100人以上の上場企業に勤務し，部下を持つ課長600人を対象にインターネット調査を実施したもの。
http://www.sanno.ac.jp/research/pdf/kachou2013.pdf

ら有効なフォロワーシップについて検討していきたいと思います。

5. フォロワーシップが発揮された事例

5-1　組織の状況

これは，ある金融機関の支店での監査準備における課長と筆者のうちの一人（ここでは筆者と記す）事例です。課長は年齢50歳くらいで，苦労をしてようやく課長の座を掴んだ苦労人でした。職場の雰囲気を和ませたり，インフォーマルなミーティングを企画することが大好きで人間性は抜群でしたが，仕事となると普段から判断が遅く，指示指令がなかなか部下に伝達されることがありませんでした。

そのような中，1か月後に監査が始まるという通達と数百ページにもわたる監査マニュアルが本社から支店に送られてきました。監査マニュアルを読み込むだけでも大変ですが，読み込んだ後に，支店に存在する300社余りの顧客の数千億円もの取引きを査定しなければなりません。その作業たるもの大変で，課長は早く監査全体を把握し，若手社員から事務職に至るまで作業ができるように指示を出す必要がありました。しかし，課長からは肝心の指示が出てこないという状態でした。

当時の支店の組織は，支店長以下，フロント業務・アシスタント業務・窓口

▶図表2-3　アシスタント業務の人員

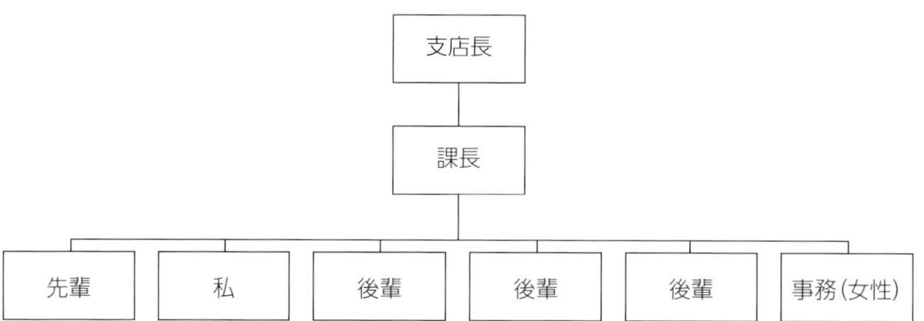

業務で構成されており，今回の事例であるアシスタント業務の人員は，**図表2−3**のとおり８名で構成されていました。

5−2　支店長からの指示

本来ならば，本社から届いた監査マニュアルを１，２日で読破し，３日目には課員全員に対して作業ができるレベルの指示を出すというのが流れです。当時，筆者をはじめ先輩，後輩全員同じ独身寮に住んでいましたが，他の支店の職員たちは早々に作業を開始しており，夜遅くまで帰宅しないのを尻目に，「うちの支店は大丈夫なのかなあ。この調子で１か月後の監査に間に合うのかなあ」と食堂で心配していました。毎日催促するものの，10日経っても指示が出てこないので，意を決して朝一番，課長に「課長，指示が出ないので，やることがあるならばもう私たちでやりますよ」と申し出ました。筆者としては，日々のリーダーシップは先輩が発揮していたので，先輩から申し出て欲しかったのですが，当時課長と先輩との関係性は非常に険悪であったため，「最後は，課長一人で責任を取ったらいい！」と先輩からは断られてしまいました。筆者は，課長一人が恥をかいたところで監査が無事に終わるわけではないし，この段階で作業がまだ始まっていないことによるしわ寄せは，必ず後から出てくることはわかっていたので，何とかして作業を進行させようと思っていました。

一方，全体をマネジメントしている支店長もしびれを切らし始め，準備作業がうまく進んでいないことも察知していたので，最後は私に対して「後は，お前が仕切れ！」と指示を出しました。監査マニュアルが支店に到着して，10日目のことでした。

5−3　大きな悩み

しかし，これによって筆者は非常に大きなプレッシャーを背負うことになりました。監査という行事を入社当初に作業の一員としては経験したことはあるものの，監査に関する支店の統括など全く経験がなく，さらに後20日くらいしか時間の猶予がない中で，今から監査マニュアルを読み込んで指示を明確に正しく出す自信もありません。おまけに先輩，後輩は課長に対する不信から全く参加意欲がなく，チームが空中分解してしまっていました。さらに，当時の筆者はまだ知識が浅かったので，課長の知識と経験，先輩の知識とリーダーシップがどうしても必要でした。「どうしたら課長を課長として立てながら協力してもらうか？」「どうしたら先輩を先輩として立てながら協力してもらうか？」「どうしたら後輩たちをうまく巻き込むことができるか？」など大きな悩みを抱え込んでしまいました。

そこで，ただ悩む暇もないので，まず課長のところに行って話をしました。「課長，悩んでおられませんか？　どこまで進んでおられますか？　まずマニュアルが欲しいのですが。」すると，悩んだ跡が想像できる，余白のいたるところにメモが記入されているマニュアルが出てきました。課長は当時，前任店から着任してからまだ１年も満たない状況であり，初めての課長職でもあったので，やはり課長としての初めての監査で，かなり慎重になっていた様子が見てとれました。一方，先輩は４年，筆者は３年在籍し，主要顧客はこの２人で担当していたこともあり，顧客のことは課長よりも熟知していたことが，さらに指示への慎重さを増したようでした。

そのような中，一番初めに態度に変化を見せてくれた人が，事務の女性でした。私と課長とのやり取りを一部始終見ており，それを見かねたのか「コピーとかパソコンへの入力作業などの単純作業は，どんどん私に振ってください。早く始めないと終わらないですから」と参加への名乗りを挙げてくれました。私は，非常にありがたく思いました。この女性は，迅速・正確な事務処理をこなすだけでなく，アシスタント業務全体の事務量を把握しているのでこれほど強い味方はいませんでした。そこから，課長，事務職の女性，私の３人で帰社時間までマニュアルを読み続け，課員全員が戦力になることを想定した大まかな役割分担表を作成し，とりあえずは慌ただしい１日は終了しました。その時筆者は，「後は，先輩を巻き込めば何とかなる」と思いました。

5-4　周りを巻き込む

早速業務終了後，独身寮に帰ってから先輩の部屋を訪ねました。「先輩，ある程度の概要は掴めたので，一緒に手伝ってもらえませんか？　よろしくお願いします」と頭を下げに行きました。ところが，もともとプライドの高い出世意欲旺盛な人なので，支店長が先輩ではなく筆者に指示を下したことにプライドが許さないらしく，どうも気分が乗ってこない様子でした。筆者から見れば，ずっと感情的になって逃げていたのだから仕方がないと思いましたが，ここは，先輩に参加してもらわないと無事終われないので，何度も頭を下げてお願いをしました。しかし，この日は快く返事はもらえませんでした。

しかし次の朝，先輩の態度が急変していました。課長，事務の女性，私の３人で作業にかかろうとしていたら，先輩が立ち寄って来て，「どこから始めればいい？」と言うのでした。これは後から聞いた話ですが，先輩と事務の女性は同期入社であったので，私の知らないところで先輩に対して，「もう，いい加減に参加したらどうなの。結局最後は苦労するのよ」と口添えをしてくれていたらしいのです。また，参加するまでには紆余曲折があったものの，実は先輩は監査マニュアルを他の支店の知り合いから取り寄せて熟読しており，臨戦態勢が整っていたのでした。支店長からの指示が直接自分に出ないからといって，監査を放棄すれば出世に響くという損得勘定があったのでしょうが，やはり先輩は“できる人”だと思いました。筆者としては，これで80％くらい目途が立ったと思いました。他の支店から遅ればせながら11日目から作業がスタートしました。

後は後輩たちを巻き込んで，書類のコピーとか，パソコンへの単純入力作業を手伝ってもらえれば解決すると思いました。後輩たちは，日頃から課長でなく先輩からの影響を受けていたので，先輩が協力的な態度に変わった時点で説得するのは比較的容易でした。ただ，今まで足踏みをしたもったいない時間を過ごしてしまったため，これから土日もなく作業を繰り返していかねばなりません。行きつけの独身寮近くのお好み焼き屋さんに行っては，「監査というのは，これからのキャリアに必ず役に立つ」とか，「課長が好きとか嫌いとかだけで仕事を放棄していても，監査は待ってくれないぞ」とか言いながら，後輩のモチベーションを高く保つように意識しました。これで，ようやく12日目にして全員参加となりました。

先輩も監査マニュアルを事前に入手し，目を通してくれていたので話も早く，最後は先輩と筆者とで明確に後輩，事務の女性も含めた役割分担を決め，一気に作業がスタートすることができました。ここからは，毎晩10時11時くらいまで残業し，帰宅してからは，独身寮の勉強部屋に集合してはほぼ毎日徹夜の状態で着々と進行させていきました。作業自体に課長はさほど必要がなかったので，毎朝の報告会で支店長，課長に報告をしながら指示やアドバイスをもらうようにするというスタンスで進め，ウィークデーで終わり切らなかった部分は，土日に自主的に独身寮の勉強部屋に集まって，作業を繰り返しました。

結果，動き出すのに時間を要したものの，期限通りに何とか仕上げることができました。最初は課長に対する不信感により何も進むことができませんでしたが，「監査」という目標に対しては，支店長と課長は指示やアドバイス，先輩，筆者，後輩，事務の女性は作業，それらを橋渡しするのが筆者という具合に役割が明確になったことにより，うまく機能することができました。

6. フォロワーシップを発揮して活き活きとした職場をつくるには

6-1　成功をもたらしたフォロワーシップのタイプ

前節の事例をもとに，筆者を中心とした課員が発揮したフォロワーシップについて，ケリー（1992）の５つのフォロワーシップタイプを用いて時間軸に沿って考察したいと思います。

この事例では，監査通達と監査マニュアルが本社から送付されて，課長が指示を出すまでは，課員は課長がリーダーシップを発揮すると考え，誰もフォロワーシップを発揮しようとはしませんでした。しかも，課長がなかなか指示を出さないので，課員は課長に対して不信感を募らせていきました。しかし，課員の誰も課長をサポートしようと積極的な行動を取らず，建設的な提言をすることもなく，傍観者となっていました。したがって，先のフォロワーシップタイプで分けると，この時の課員は，実務型タイプだったのではないかと考えられます。先輩に至っては，本来であれば模範的タイプだと思われますが，課長との折り合いが良くなかったため，孤立型タイプになっていたと考えられるでしょう。

このような状況の中，支店長の「お前が仕切れ」という一言がきっかけとなって，筆者は課長に対してイニシアティブを取るという行動の変化を見せました。ここで筆者のフォロワーシップタイプが，模範的タイプに変わったと思われます。しかしながら，監査までに残された時間，必要な作業内容，マンパワーを考えたときに，一人ではどうしようもない状態に陥ってしまいました。そんな時，先輩をうまく巻き込むために動いたのが，事務の女性でした。この女性は，陰ながら積極的な行動を取り，かつ建設的な提言を行いました。彼女もまた，模範的タイプだったのでしょう。その結果，先輩が孤立型タイプから模範的タイプの仲間入りをし，後輩を巻き込むことで，ようやく課員全員のベクトルが一致して困難を乗り越えることができたと考えられます。

今回の事例を見ると，日本企業においてもやはり必要なのは，模範的タイプの存在であることが示唆されています。

6-2　直属上司以外の人物への働きかけ

今回の事例で，職務権限のない筆者にとって一番の困難は，周囲の協力を得ることでした。ケリーやチャレフの研究からわかるように，これまでのフォロワーシップ研究では部下と上司の二者間の関係に焦点が当てられています。しかし，事例が示唆しているのは，上司に適切なフォロワーシップを発揮するためには，上司以外の人々の協力を取り付けることが必要だということです。リーダーは，与えられた職務権限を用いてフォロワー等を動かすことができますが，フォロワーは職務権限を基本的にリーダーより持たないため，周囲の協力を得ることは簡単にはいかないことが多いと思われます。しかし，周囲への働きかけがなければ，権限を持たないフォロワーは孤立無援となってしまい，有効なフォロワーシップを発揮することが困難になると思われます。

このことを裏付ける調査があります。筆者は，様々な企業に勤務する10名の社会人にインタビューを行い，上司を動かすことに成功した13事例を調査しました。その中で，上司を動かすためにとった行動を分析しました。その結果を紹介します（**図表２-４**）。

この表からわかるように，直属上司を動かすときであっても，その上司に直接働きかける行動は全体の45％です。残りの55％は，直属上司以外の人物への働きかけでした。その相手は，もちろん同僚が多いのですが，その他には１つ隔てた上位階層の上司，他部署の上役などが多いようです。行動の内容を見ると，「巻き込む」や「根回しする」という行動要素の頻度が比較的高いことがわかります。つまり，日本企業では，フォロワーたちは階層や部門を超えて周囲を巻き込むことによって，フォロワーシップを発揮しているようです[3)]。周囲と一緒に組織のゴールを共有し，力を合わせて上司や組織に影響力を与えている様子が窺えます。

逆に，海外の先行研究でフォロワーシップに必要な要素として挙げられていた「批判する」行動は，あまり見られませんでした。日本企業では，直接上司を批判するよりも，上司を取り巻く人間関係に働きかけ，いわば「外堀を埋める」行動のほうが上司への影響力を発揮できるのかもしれません。

7. まとめ

今までの議論を小括すると，フォロワーシップをうまく発揮するためには次

---

3)　このような行動は，第１章で紹介した変革型ミドルの行動（金井，1991）とも整合的である。

▶図表2-4　フォロワーが上司を動かすために働きかけた対象者，行動要素および件数

誰に	行動	頻度（13事例中）	誰に	行動	頻度（13事例中）
上司（45%）	報告する	7	社長（4%）	巻き込む	2
	巻き込む	4		意見を聞く	1
	説得する	3		小　計	3
	提案する	3	部門のトップ（4%）	意見を言う	1
	サポートする	3		巻き込む	1
	根回しする	2		批判する	1
	説明する	2		小　計	3
	議論する	2	他部署の上役（11%）	根回しする	2
	批判する	2		意見を聞く	2
	情報共有する	1		働きかける	2
	相談する	1		巻き込む	1
	意見を聞く	1		配慮する	1
	指示を促す	1		小　計	8
	働きかける	1	同僚（21%）	議論する	3
	判断する	1		巻き込む	3
	小　計	34		飲みに行く	3
1つ隔てた上司（12%）	情報共有する	1		働きかける	3
	報告する	1		相談する	2
	相談する	1		根回しする	1
	説明する	1		提案する	1
	提案する	1		小　計	16
	巻き込む	1	周囲（関係者）（4%）	根回しする	1
	調整する	1		相談する	1
	議論する	1		情報共有する	1
	服従する	1		小　計	3
	小　計	9	合　計		76

の２点が重要な要素であると言えるでしょう。

⑴　組織の方向性やゴールを正しく理解しておくこと

個人的立場ではなく，組織としての視点や考え方を経営者，上司および周囲と共有し，目標にコミットすることが重要です。これがなければ，模範的フォロワーとしてふるまうことは難しいでしょう。

⑵　人的インフラを整備しておくこと

フォロワーシップを発揮するためには，直属上司だけでなく，周囲に対して様々な行動をとる必要があります。そのためには，日頃から周囲との関係を構築しておく不断の努力が必要であると考えられます。

ケリー（1992）は，「よきフォロワーは，いずれよきリーダーになる」と述べています。つまり，優れたフォロワーになることは，次世代のリーダーとなる機会となりえます。これは，優れたフォロワーが直属上司と良好な関係を形成することができる[4]ためだけではなく，よきフォロワーになるためには組織内に広く人脈を形成し，より高い視点から組織を見ることが求められるためだと考えられます。

読者の皆さまのリーダーはどのようなリーダーでしょうか。もし，皆さまのリーダーが今回の事例のようにリーダーシップを発揮できない場合，組織の目指すべき方向と異なる指示を出すリーダーであった場合，あるいは，リーダーが部下よりも仕事ができない場合，組織はきっと皆さまのフォロワーシップに期待しているに違いありません。多くの場合，部下は上司を選べません。そのような時，本章が参考になればと考えています。

---

4)　次頁のアカデミック・コラム「日本企業におけるフォロワーシップの測定」を参照されたい。

アカデミック・コラム

日本企業におけるフォロワーシップの測定

本章では，ケリー（1992）とチャレフ（1995）によるフォロワーシップタイプを紹介したが，これらの研究は，アメリカ人を対象に抽出されたフォロワーシップタイプである。ケリー（1992）は，国が変わるとフォロワーシップの定義も異なると述べている。

それでは，わが国のフォロワーシップはどのようなものなのであろうか。それを研究したのが西之坊・古田（2013）である。西之坊・古田（2013）は，日本のフォロワーがどのようなフォロワーシップ行動をとっているのかを，インタビューによって調査している（本文参照）。その結果，日本のフォロワーは，ケリー（1992）が見出した行動要素と同じ「自ら積極的な行動をとる」・「組織のために建設的に批判する行動をとる」の２次元に加えて，第３の「上司に配慮する行動をとる」という次元が存在していることを見出している。この上司に配慮するという行動は，アメリカの研究には見られなかった行動である。中根（1967）によると，日本人は，恒久的な単一のタテの人間関係が強く存在しており，人間的なつながりに価値観を強くおいていると述べている。このように強い上下関係の下で働く日本のフォロワーは，タテ社会を意識した行動をとっているのかもしれない。

この調査結果をもとに，西之坊・古田（2013）では日本のフォロワーシップ測定尺度の開発が試みられている。作成した質問票を使ってインターネットで調査を行い，そのデータについて因子分析を行った結果，３つの因子が抽出された（**図表2-5**）。それぞれの因子について負荷量の高い質問項目に注目し，それぞれの因子を「積極的行動」「批判的行動」「配慮的行動」と命名した。

▶図表2-5 フォロワーシップの質問項目に関する因子分析結果

	因子負荷量		
	1 積極的行動	2 批判的行動	3 配慮的行動
あなたは上司の出す要求，目的を理解し，それに見合うように一生懸命働いていますか	1.051	−0.191	−0.245
あなたは最高のアイデアや成果をもたらすために精力的に働いていますか	0.892	−0.094	−0.049
あなたは上司の仕事を積極的にサポートしますか	0.860	−0.036	−0.005
あなたがグループやプロジェクトのリーダーでなくても，貢献するため進んで分担以上のことをしますか	0.847	−0.132	0.136
あなたは自分がまったく認められなくても，周囲の手助けをしていますか	0.794	0.081	−0.232
あなたは上司や組織のため，自分自身の能力を積極的に発揮していますか	0.775	−0.06	0.082
あなたは上司が重要視する新しい仕事や課題にいち早く取り組んで成果を出していますか	0.739	0.044	0.017
あなたは自分の業務範囲外の仕事に対しても貪欲で，首尾よく成功させるために自主的に取り組んでいますか	0.651	−0.051	0.222
あなたの上司はほとんど一任する形であなたに難しい仕事を割り当てていますか	0.650	0.147	−0.027
あなたは自分の評価の長所も短所も積極的かつ正直に認めていますか	0.643	0.314	−0.214
あなたは上司の時間を無駄にしないように，もちかける相談事項を判断していますか	0.608	0.084	0.157
あなたは仕事を円滑に進めるため根回ししますか	0.594	0.238	−0.103
あなたは仕事を円滑に進めるため人間関係を重視した行動をとっていますか	0.573	0.241	0.052
あなたは情熱的に働き，他の社員を元気づけていますか	0.513	0.028	0.283
あなたは上司と同じ問題意識をもって行動していますか	0.512	−0.020	0.342
あなたは新しいアイデアを自主的に考え出し，積極的に打ち出していますか	0.483	0.376	0.052
あなたはリスクを未然に防止するため，どんな些細なことでも上司に相談していますか	0.457	0.006	0.298
あなたは自分の提案を通すため，メリット・デメリットを上司に説明して判断してもらいますか	0.431	0.146	0.339
あなたは上司を動かすために他の人々を活用しますか	0.430	0.238	0.221
あなたは職場環境を改善するためなら上司の行為を批判しますか	−0.211	0.970	0.062
あなたは上司にあなたの考え方と正反対のことを頼まれたら「いいえ」と答えますか	0.023	0.965	−0.253
あなたは自分の評価が下がることになっても，正しいと判断した自分の意見を主張していますか	0.165	0.868	−0.253
あなたは上司の反対をものともせず，自分の提案を通そうとしますか	−0.295	0.784	0.333
あなたは下が上司に言えない意見を拾って上司にぶつけますか	−0.168	0.715	0.255
あなたはタブーな問題にも果敢に立ち向かいますか	−0.037	0.661	0.192
あなたは上司や組織の基準ではなく，自分の倫理基準で行動していますか	0.173	0.564	−0.063
あなたは組織の現状に満足せずチャレンジしていますか	0.267	0.551	0.065
あなたは自分だけでなく上司にも責任ある行動を求めていますか	0.378	0.549	−0.150
あなたは提案内容の有効性を上司に説得してもらうために説得しますか	0.209	0.473	0.248
あなたは上司のアイデアやプランのメリットとリスクの両面から批判的に指摘していますか	0.259	0.457	0.066
あなたは上司と本音で理解し合うため飲み会や食事に行きますか	−0.275	0.047	0.895
あなたは上司に声をかけて早く帰ってもらっていますか	0.129	−0.161	0.887
あなたは上司Aの顔を立てるため，上司Bに説明に行くとき上司Aに同席してもらっていますか（上司A＜上司B）	−0.070	−0.049	0.835
あなたは顧客に会う時，相手の役職に応じた上司を巻き込んでいますか	0.185	0.078	0.585
あなたは同僚に上司のサポートをするように働きかけていますか	0.315	−0.018	0.552
あなたは上司の顔を立てるため，些細なことでも報告していますか	0.342	0.010	0.485
あなたは上司を説得するため関係者に相談しますか	0.202	0.179	0.475
あなたは上司の見解を補完していますか	0.393	0.027	0.454
固有値	20.162	2.253	2.032
寄与率（%）	53.059	5.930	5.347

因子抽出法：主因子法　回転法：Kaiserの正規化を伴うプロマックス法

	因子相関行列		
	因子1	因子2	因子3
因子1			
因子2	0.720		
因子3	0.703	0.677	

出所：西之坊・古田（2013）

これらのフォロワーシップを発揮した場合，どのような成果につながるのであろうか。具体的な成果の可能性を示唆した研究がある。たとえば，西之坊（2014）では，フォロワーが積極的行動を取った場合，リーダーとの関係が良好になり，自らのキャリアを高めることができる可能性が示唆されている。また，営業マンを研究対象とした西之坊（2015）では，フォロワーは，積極的行動を取ることで周囲のサポートを得て，売上予算達成率および利益予算達成率の両方を高める可能性があることが示されている。これらの研究結果から，日本の組織においても，フォロワーが積極的行動を取ることで，組織に貢献でき，フォロワー自身にもメリットがあるということが示唆されている。

アカデミック・コラム

目標設定理論

目標設定理論とは，目標を設定することで人々の達成行動を引き出すプロセスに関する理論である。この理論によれば，人々の達成行動を引き出すために効果的な目標の性質として，困難さと明確さがあげられている。すなわち，簡単すぎる目標や「ベストを尽くせ」といった曖昧な目標は，あまり効果的ではない（Locke and Latham, 2006）。もちろん，あまり達成が困難な目標では最初からくじけてしまう危険があるため，明確かつ適度な難しさを伴った目標が有効である。

目標が達成行動を生み出すためには，次の３つの要素が重要である。１つ目は，フィードバックである。フィードバックとは，目標達成に近づくプロセスの中で，進捗状況に関する情報を得ることである。これにより，人々はモチベーションを維持し，行動の修正を行うことが可能になる。２つ目は，目標に対するコミットメントである。これは，目標を自分のものとして受け入れ，達成にこだわりを持っている状態を指している。３つ目は，自己効力感であり，これは目標達成に必要な行動を取ることができるという自信を表している。

目標設定理論は，ただ従業員に困難な目標を与え，高い報酬を餌に努力させるだけでは不十分であることを示唆している。すなわち，目標は単に明確で困難なだけでなく，それが自分の目標として人々に受容され，進捗状況がわかり，達成できる自信が養われることで達成行動が引き出されるのである。松井（2001）は，わが国の旅行代理店を対象に，理論に基づいた適切な目標設定が店舗の業績を向上させうることを実証している。

目標設定理論は，内外で多くの研究が蓄積され，その妥当性が検証されると同時に，発展的な研究も見られるようになった。たとえば，多田

（2007）は，職場の一人ひとりが個人の目標を持つだけでなく，互いの目標を知っているという状態がモチベーションを向上させうることを実証している。目標をお互いに知ることで，人々は周りから観察されることになり，それが目標達成へのインパクトとなりうる。また，相互のコミュニケーションが活発になり，目標達成に必要な情報や援助の提供を受けることで自己効力感が高まり，目標達成へのモチベーションが高まると考えられる。

第3章
グループシンクとチームシンク：建設的な集団的問題解決にむけて

1. はじめに

集団での意思決定は，かなり世間に広くみられるテーマです。東日本大震災における原子力発電所の津波被害，「いじめ」問題に関する学校や教育委員会の対応などは，集団の意思決定の質が，いかに大きく結果を左右するかを物語っています。意思決定の質を左右する要因は，その意思決定がどのようにして行われたかというプロセスにあります。この章では，組織における集団の意思決定のプロセスについて，グループシンクとチームシンクという２つの概念を紹介します。

グループシンク（Groupthink）とは，まとまりの良い集団でしばしば見られる，全員一致の圧力によって反対意見や代替案の検討が十分できず，浅はかな意思決定を導いてしまう意思決定プロセスです。グループシンクは，もともとアメリカの社会心理学者，アーヴィング・ジャニス（Irvin Janis）が提唱した概念です。これは，日本語では集団浅慮と呼ばれ，これまで多くの研究がなされ，実証されています。

一方，チームシンク（Teamthink）とは，メンバー同士の前向きな批判を通じて効果的な意思決定を生み出す，集団の意思決定プロセスです。これは，自主管理チームの研究で有名なアメリカの経営学者，チャールズ・C・マンツ（Charles C. Manz）らが提唱した概念です。グループシンクに比べて比較的新しいこの概念は，これまであまり知られていませんが，筆者らは日本の組織における集団の意思決定においてこの概念が今後重要になると思い，ここで紹介することにしました。この章では，先行研究や過去の事例を通して，少人数単位から大規模組織のレベルに至るまで，何が効果的な集団の意思決定を阻害しているのか，そしていかにすればより効果的な意思決定に至ることができるのか，グループシンクとチームシンクを基礎において，その具体的方法について考察してみたいと思います。

2. 集団の意思決定の失敗：福島第一原発事故の例

集団の意思決定の質がいかに結果の良し悪しを左右するかを表す事例として，福島県を中心に甚大な被害をもたらした，福島第一原発事故を取り上げてみたいと思います[1)]。

2011年３月11日14時46分に起きた東北地方太平洋沖地震を引き金にして，東日本大震災が発生しました。福島第一原子力発電所（１～６号機）は，受電鉄塔の倒壊などにより，外部電源の供給を失い，そのため非常用電源がただちに作動しました。稼働中の３基の原子炉（１～３号機）は，自動的に制御棒が上がり緊急停止しました。ところが，約40分後の15時27分頃に到来した高さ約14メートルの大津波により，各原子炉建屋やタービン建屋の地階に設置されていた非常用電源（ディーゼル発電機（12台））や配電盤が冠水してしまいました。ただし一部の原子炉（５，６号機）のみ，空冷式非常用電源が１階に設置されており，電源供給が可能となり停止を免れることができました。しかし，それ以外のすべての原子炉（１～４号機）は，15時42分までに「全交流電源喪失状態」に陥ってしまいました。このためポンプを稼働できなくなり，原子炉内部や，核燃料プールへの送水が不可能となり冷却することができず，核燃料の溶融（メルトダウン）が発生してしまいました。これにより原子炉内の圧力容器，

1）以下，「原発事故の本質　FUKUSHIMAレポート」（FUKUSHIMAプロジェクト委員会）を参考にした。

格納容器，各配管などの設備が損壊し，東北から関東にわたり放射能が拡散し，史上例を見ない原発事故へとつながったのです。

では，そもそも上記の事故に至った原因は何だったのか。東京電力は「津波は想定外だった」として未曾有の天災が原因であると説明していますが，実際には以下の潜在的な要因が存在したと言われています。

2-1　権威に対する盲信

非常用ディーゼル発電機は，ほとんどが地下に置かれていました。福島第一原発は，米国GE（ゼネラル・エレクトリック）社の設計に基づいて建設され，当時GE社の技術に寄せる東京電力の信頼は信仰にも近く，非常用ディーゼル発電機を地下に置いたのも，GE社の設計に従ったからと言われています。

また，原発設置の海抜は10メートルでした。これも，GE社設計の原発をそのまま設置するのに都合が良かったからだと言われています。しかし，GE社の設計は，これほど大規模な地震も津波も意識していなかったのではないかと考えられます。かような仕方で発電機を配置していることを意識していれば，津波ですべてが停止するという事態は想定できたのではないでしょうか。

2-2　過去の失敗に対する極端な楽観主義

過去に類似の事故があったにもかかわらず，「日本では重大な事態に至る可能性は低い」という意識が強かったと言われています。米国とフランスは，全電源喪失に近い事態を何回か経験しており，それらの経験を踏まえて，両国では全電源喪失への備えが強化されたそうです。しかし，日本では過去の類似の事故からの教訓が，安全基準に反映されることはありませんでした。

2-3　安全性を十分に担保していなかった国の設計審査基準

福島第一原発には，非常用ディーゼル発電機が13台備えられていましたが，６号機の１台を除いてすべて停止し，安全のための電源機器が複数同時に機能を失うこととなりました。ところが，国の安全設計審査指針によると，「全交流電源喪失」やこの複数機器の同時故障に備える義務は，東京電力にはありませんでした。原子炉に関する国の安全設計審査指針（原子力安全委員会策定）は，それを要求していませんでした。その指針「電源喪失に対する設計上の考慮」についての「解説」には，「長期間にわたる全交流動力電源喪失は，送電線の復旧または非常用交流電源設備の修復が期待できるので考慮する必要はない」とありました。また，複数機器の同時故障に備える義務も，東京電力にはありませんでした。つまり，同指針は，こういった事態が起こることは仮定しなくてよいとしていました。

上記の複数機器の同時故障を考慮すると，コストアップするためモノを安く造るのは難しくなります。トレードオフ関係にある安さと安全を，どこで妥協させるべきでしょうか。「絶対に安全」は存在しませんが，安さを求めれば安全性は低下し，安全性を高めればコストは上がります。しかし，原子力発電事業では「安全」がすべてにおいて優先しなければならないでしょう。

2-4　外部（専門家など）の意見の無視

過去，地震学の専門家が警告してきたにも関わらず，抜本的対策はとられませんでした。また，原子力「反対派」の意見を聞く耳を「推進派」は持たなかったと言われています。「推進派」対「反対派」という二分法が，相手の意見を取り入れることを頑なに拒むことにつながりました。

2-5　責任の所在を曖昧にする原子力村の空気

日本の原子力発電事業は，国策民営体制です。この体制の下で，利益が出ないと困る会社（東京電力）と，会社に撤退されては困る国，この両者のもたれ合いの体制が，「長期間の全交流電源喪失に備えなくていい」という無責任な安全基準を生んだと言われています。そして，国の安全基準に従っていればいいという東電の主体的判断の欠如が，苛酷な事故につながったと思われます。

以上の要因に鑑みると，細心かつ最高レベルの安全措置が求められる原子力発電施設運営における政策決定の集団の意思決定過程において，何らかの構造的欠陥が存在していたと容易に推察されます。本事故の直接的な原因として，想定外の天災があったことを認めるとしても，少なからず人災の影響をみてとることができると思われます。筆者は，東電，原子力安全委員会，原子力安全・保安院など産・官それぞれの当事者が，グループシンクに陥ったのではないかと考えています。

3. グループシンクとチームシンク

この節では，グループシンクとチームシンクという2つの集団の意思決定プロセスについて紹介しましょう。

3-1　グループシンク＝浅はかな意思決定

グループシンクとは，1972年に社会心理学者のアーヴィング・ジャニスがアメリカ合衆国大統領とそのブレーン集団による政策の決定事例（ベトナム戦争の拡大政策やウォーターゲート事件等）を分析して提唱した概念です。これは，まとまりの良い集団（これを凝集性の高い集団といいます）が，全体の意見一致（同調性）を優先させようという内的圧力を生み，それによって前向きな批判的議論ができなくなり，結果的に間違った浅はかな意思決定をしてしまう思考形式です。グループシンクを起こす集団には，**図表3-1**のような特徴が見られると言われています（Janis, 1982）。

先ほどの事例を振り返ると，福島第一原発の事故に至るプロセスでは，このグループシンクと類似した特徴が多く見られます。たとえば，権威に対する盲信，過去の失敗に対する極端な楽観主義，安全性を十分に担保していなかった国の設計審査基準は，自分たちの無敵さの幻想や自分たちの道徳性に対する疑いを持たない信念があったのではないかと考えられます。専門家や反対派の意見の無視は，敵に対するステレオ・タイプ的な理解や，不利な情報から遠ざける防御心が働いたためではないかと推測できるでしょう。

▶図表3-1　グループシンクを起こしやすい集団の兆候

1．自分の集団に対する無敵の幻想
2．決定を合理化しようとする集団的な努力
3．集団が持つ道徳性に対する疑いのない信念
4．敵や敵のリーダーに対するステレオ・タイプ的な理解
5．集団内の反対者に対する直接の圧力
6．集団の合意からの逸脱に対する自己検閲
7．全員一致の幻想
8．不利な情報から集団を遠ざける独善的な防御心

出所：Janis（1982）より筆者作成

このように，グループシンクを起こしやすい集団では代替案や反対案が出されにくく，十分に議論されない傾向が見られます。それだけでなく，「自分たちの集団は大丈夫。間違えるはずがない」という幻想を抱いています。たとえば，読者の方は，以下のような経験をしたことはないでしょうか？　個々人ではいろいろな選択肢を心に抱いているにも関わらず，実際のミーティングでは，チームリーダーの意見やそれに同調するメンバーの雰囲気，発言に影響されて，異なる意見を持つメンバーが黙ってしまう（または，きっと他の誰かが指摘してくれるだろうと安直に考えて，その場の議論をやりすごしてしまう）。それをみてチームリーダーは意見の一致が得られたと結論づけ，ミーティングが終了してしまう。このような時，そのミーティングではグループシンクが発生している可能性があると言えるでしょう。

グループシンクの恐ろしさは，非常にまとまりの良い集団，すなわち凝集性の高い集団で発生しやすいという点にあると思います。凝集性の高い集団では，メンバーは集団の一員であることに魅力を感じ，互いに助け合う傾向があります。このような集団の一員でいることは，多くの人にとって心地よく，また高いモチベーションを生み出すことにつながるでしょう。しかし，そのような集団はしばしば排他的になり，内外からの異論を抑え込んで全員一致の１つの結論を信奉する傾向があります。また，近年の研究では，組織に高い同一化をしている人は，組織の利益を重視するあまり，顧客や社会に対して非倫理的な行動（組織の過失を隠す，都合の良いウソをつく等）をとる傾向があることがわかっています[2)]。同一化とは，組織や集団が信奉する価値観や行動を自分のものとすることです。凝集性の高い集団では，その集団に対する同一化は高くなり，このような非倫理的行動をとる傾向が高まると考えられます。ウガンダ政府の役人を対象とした研究でも，グループシンクが非倫理的な意思決定を導きやすいことが実証されています[3)]。

私たちは，「みんなが１つにならなければならない！」と思って自他の批判的な意見を抑え込むようになっているとき，グループシンクの罠にはまりつつあることを自覚する必要があるようです。その意味では，「忖度」や「空気を読む」ことを重視する日本の組織は，グループシンクが発生しやすい風土を持っていると言えるのかもしれません。事実，小樽商科大学の経営学者，阿部孝太郎准教授は1990年代の日本の組織における失敗事例を５つ取り上げ，グループシンクと共通する特徴があったと指摘しています（阿部, 2006）[4)]。

ジャニスは，グループシンクを起こした集団の意思決定には，次のような特徴があると述べています。(i)不十分な代替案の探索，(ii)目的に対する不十分な検討，(iii)選んだ選択肢のリスクに対する検討の欠如，(iv)採択しなかった代替案に対する再評価の欠如，(v)貧弱な情報収集，(vi)利用する情報の選択バイアス，(vii)コンティンジェンシー・プラン（不測の事態に対応するためのプラン）の欠如です。

前述の福島第一原発事故のように，グループシンクは時に悲惨な結末をもたらします。たとえば，1961年のアメリカ軍によるピッグス湾上陸作戦の失敗[5)]

---

2)　Umphress, Bingham and Mitchell（2010）

3)　Ntayi et al.（2010）

4)　阿部（2006）で取り上げられているのは，第一勧業銀行の総会屋への不正融資事件，山一証券の不正行為の隠蔽から自主廃業に至るまでの過程，そごうの経営破綻，日本長期信用銀行の破綻，ダイエーの倒産である。

5)　Janis（1982）

や，1982年のスペースシャトル・チャレンジャー号の爆発事故[6] は，グループシンクが一因と言われています。それだけではなく，グループシンクは自分たちの間違いを隠蔽し，事態をより深刻化させてしまう効果もあるようです。こうしたグループシンクを回避するために，ジャニスは以下の９つの方法を提唱しています。

① リーダーは個々のメンバーに常に批判的な目を向けて反対意見や疑問点を明らかにするよう奨励する。

② リーダーは，自分の意見や希望を最初は言わないようにして，常に公平性に気を配る。

③ 異なるリーダーのもと，同じ課題や問題に取り組むいくつかの独立したグループを立ち上げる。

④ 協議期間中，時々，グループをいくつかのリーダーからなるサブグループに分けて協議を行い，ある時に一緒に集まって相違点を抽出する。

⑤ 個々のメンバーは，定期的に信頼のおける同僚や同業者と議論し，彼らの反応をフィードバックする。

⑥ 外部の専門家やコアメンバーでない能力のある他の同僚をミーティングに招待して，コアメンバーの意見を吟味してもらう。

⑦ 少なくとも一人は辛口の意見を述べる役割をもたせる。

⑧ 問題がライバルの組織と関連ある場合は，時間を十分にとってライバルの組織からのシグナルや代替のシナリオを吟味する。

⑨ 最も良い代替案であるとの一応の同意に達したあとでもメンバーが抱いている残りの疑問点を明確に洗い直し，決定する前に全体の問題を再考してみる。

このように，グループシンクを避けるためには，課題を多面的かつ批判的に評価するためのミーティングのルールやデザインを，意識的に設計することが必要です。また，リーダーは会議のイニシアチブをとるのではなく，むしろ

6) Moorhead et al.（1991）

様々な意見がメンバーから出るようバックアップをすることが必要です。自分が発言した後に「反対意見はないか？」と尋ねても，グループシンクを避けることは難しいのです。

3-2　チームシンク＝建設的な意思決定

Neck and Manz（1994）によれば，チームシンクとは，集団を1つのチームととらえ，その成員であるメンバー同士の前向きな批判を通じて，効果的な意思決定を生み出すような決定プロセスです。先ほど述べたように，この概念は自主管理チームの研究から提唱されるようになりました。自主管理チームとは，高い自由裁量を持つ一方で，タスクに関する責任をすべて引き受け管理するチームのことです。このチームでは，チーム内での責任やリーダーシップもだれか特定のメンバーに集中するのではなく，持ち回りで担当します。この概念の代表的提唱者であるチャールズ・C・マンツは，自主管理チームがメンバーの高いモチベーションや生産性をもたらすことを実証しましたが，一方でグループシンクを引き起こしやすいという問題があることを認識していました。マンツは，自主管理チームがグループシンクを回避するだけでなく，より建設的な集団の意思決定をするためのプロセスとして，チームシンクという概念を提唱したのです。

Neck and Manz（1994）は，チームシンクを行っている集団の特徴として，次のようなものを挙げています（**図表3-2**）。

▶図表3-2　チームシンクを生み出す集団の特徴

1．多様な見解の促進
2．アイデアや関心のオープンな表明
3．脅威や限界に対する自覚
4．メンバーのユニークさに対する理解
5．疑念に対する集団討議

出所：Neck and Manz（1994）より筆者作成

この表からわかるように，チームシンクを行っている集団では，メンバーは多様な見解を出すことを促され，自分たちのアイデアや関心をオープンに話すことができます。個々のメンバーは，個性ある存在と見なされ，「空気」を読んで周りに合わせる必要はありません。一方で，自分たちが直面している脅威や，自分たちの限界にも自覚的です。「間違っている」と思ったら，疑念について集団で討議が行われます。チームシンクには，①各メンバーがもっている情報を集めることによって，問題に対する多くの情報をもとにチームの意思決定を行うことが可能になる，②個々のチームメンバーの異なる視点や考え方を取り上げることで，集められた情報を様々な角度から建設的に批判・検討することができる，③メンバーが意思決定に参加するために，チームで決めたことを実行に移す際に支持されやすくなる等のメリットがあると言われています。

このようなチームシンクを可能にする要因は何でしょうか。Neck and Manz（1994）は，リーダー一人のリーダーシップではなく，各々の集団のメンバーが自分自身に影響力を与える「セルフ・リーダーシップ」を発揮することが重要だとし，そのための３つの要因（集団が持つ心的イメージ，セルフ・トーク，信念と仮定）を挙げています。集団の心的イメージとは，この場合メンバーに共有されたビジョンを指しています。何を達成すべきなのか，そのための有効な手段は何なのかについて合意されたビジョンを形成することで，チームシンクが促されると考えられます。そのビジョンが判断基準となり，人々は自由に意見を言うことができます。セルフ・トークとは，自分自身に対する語りかけを意味します。「自分ならできる」「自分なら困難を克服できる」というポジティブなセルフ・トークは，様々な場面における個人のパフォーマンスを向上させることが，多くの研究で示されています。こうしたポジティブなセルフ・トークを行うメンバーが多い集団は，現実を直視するのを恐れず，高い自己効力感をもって問題解決にあたることを可能にするでしょう。集団の信念や仮定とは，集団に共有されたものの見方と言っていいでしょう。Neck and Manz（1994）は，問題を「脅威」ではなく何らかの「機会」と見なすことで，チームシンクを促進することができると述べています。

ただし，このような集団のビジョンやセルフ・トークがメンバーの様々な意見表明を抑制するようでは，グループシンクを引き起こす危険を増大させてしまいます。Neck and Manz（1994）でも指摘されていますが，グループシンクを回避することと，チームシンクを促進することは別の問題です。望ましい集団の意思決定とは，グループシンクを回避しつつ，チームシンクを促進するプロセスを通じて達成されると言えるでしょう。

次節では，企業で実際に採用されている「建設的なミーティングのデザイン」について，２つの事例を紹介しましょう。

4. 建設的なミーティング・デザイン：２つの事例

4-1　CPS（カストマー・プランニング・セッション）

CPSは，従来の会議の弊害を排除した討議方式の会議です（**図表３-３**）。

▶図表３-３　カストマー・プランニング・セッションの構成

・オリエンテーション
0.5日
・CPSの目的・内容決定
・準備項目決定
準備
・プリセッション
１日×２～３回
・事実確認（目標他）
・問題点・ニーズ把握
準備
・プランニング・セッション
3.0～4.0（合宿）
・CPSの目的・内容決定
・準備項目決定
実行
・フォロー・アップ・セッション
１日
・実行状況の確認・評価
・長・短期計画

出所：日本アイ・ビー・エム株式会社（出版年不詳）18頁より引用

CPSはIBMによって1970年代に提唱されたプロジェクトの構想・立案を効率よく行うための会議手法であり，多くの企業で取り組まれてきました。これは構造化されたセッションをファシリテーションの専門家であるセッション・リーダーがリードする会議であり，参加メンバーは，相互に真剣な討議をし，共通理解を図り，自ら考え，創造し，納得した計画案を決定する会議です。CPSはオリエンテーション，プリセッション，プランニング・セッション，フォロー・アップ・セッションで構成されています。

(1) オリエンテーション

オリエンテーションでは，セッションを効果的に進める技法（CPS技法）を伝えます。それは，①グループ・ダイナミクス，②二進法的論理，③事実および論理の追求，④参加者の役割・規律の徹底の４つです。

グループ・ダイナミクスは，議論が進められていく段階を表しており，対話（コミュニケーション：互いの立場や主張を聞く），葛藤（コンフリクト：主張と主張がぶつかり葛藤が生じる），創造（クリエイティビティ：徹底した議論を通して実効性のある案が生れる），合意（コンセンサス：解決案が提案されたら全員の合意を目指す），公約（コミットメント：合意された案には実行責任者を明確にする）のステップで進められます。このようなステップを踏むことで，全員が納得できる実効性の高い計画が作成される確率が高まります。

二進法的論理とは，YesかNoの明確かつ根拠ある意見表明を求めることです。曖昧で不正確な発言，賛成か反対か不明瞭な態度，論拠のない反対のための反対は，効率的な会議を妨げてしまいます。二進法的論理を進めるためには，中立の立場で議論の交通整理を行い，議論の内容を整理し記録するファシリテーター「セッション・リーダー」が必要です。

セッション・リーダーは「Yes，No」の明確な意思決定を求めるだけでなく，論拠に憶測や想像，思い込みが混じっていないかを確認し，事実に基づく議論を進めていきます。重要な事実と判明したものは，原因を追求していきます。１つの問題は，多くの原因が絡み合って生み出されているものですが，その１

▶図表３-４　CPS参加者の役割

メンバーの役割
マイプランの作成 ・全員対等 ・ノートをとらない。理解から体得へ。 ・頭脳全回転 ・フリー・ディスカッション禁止 コントロール・ディスカッション ・建設的に ・全期間出席 ・セッション・ルールの遵守
レビュアーの役割
作成された計画のレビュー
セッション・リーダーの役割
ディスカッションの交通整理／中立の立場／セッションの論理的運営
オブザーバーの役割
セッション・リーダーの許可を得て発言

出所：前掲書７～８頁より引用

つ１つを究明していくことが解決への近道であると考えられています。

参加者の役割と規律の徹底が，オリエンテーションで伝えられ徹底されます。では，参加者の役割から説明します。CPSは，メンバー，レビュアー，セッション・リーダー，オブザーバーから構成されます（**図表３-４**）。議論し計画を作成する主役は，メンバーです。メンバーの役割は，「マイプランの作成」です。自分自身が考え，発言し，自分自身が納得し，自分自身が実行する計画，それが「マイプラン」です。立場の違うメンバー全員が，共通のマイプランを作成するためにはそれを支える原則が必要です。ここでは，全員対等が最も重要な原則となります。上位の立場の人間から「お前は黙っていろ！」と言われた会議では，納得性の高いマイプランはできません。メンバーは，頭脳全回転での議論へのフル参加が求められます。傍観者的な態度は許されません。すべてのセッションに参加することがメンバーに求められます。欠席では「マイプ

▶図表３-５　セッション・ルール（厳守規律）

目的	①時間の有効活用 ②プランの効率向上
1．Listen	•話を中断しない •立場・主張・意見の理解
2．Talk Net	•簡潔に
3．Think	•集中→クリエイティブに
4．State Clearly	•適語表現
5．One Subject at a Time	•テーマをスリップしないように
6．Be Decisitive	•論拠を示し自分の意志決定
7．Unanimous Agreement	•全員の合意 •対案なければ賛成

出所：前掲書９頁より引用

ラン」はできないからです。最後にメンバーに求められる要件は，建設的な態度です。反対する理由ばかり探していては，まとまるものもまとまりません。そして，メンバーの作成した計画をレビューし承認するのが，レビュアーの役割です。

セッションはセッション・リーダーによってコントロールされます。セッション・リーダーは，中立的な立場で論理的にセッションを運営することが求められます。メンバーの発言をまとめ，その要点を書きあげるのもセッション・リーダーの役割です。発言内容は大きな紙に書かれ，壁面に貼り付けられます。メンバー全員が共通理解を図るためです。オブザーバーは観察者として参加し，セッション・リーダーの許可があれば発言します。

次に，セッション・ルール（厳守規律）が説明されます。セッション・ルールは，時間の有効活用と効率向上のためのルールです。表にあるように，７つのルールを厳守しつつセッションは進行していきます（**図表３-５**）。

オリエンテーションの最後に，プリセッションに向けて，宿題が出されます。内容は，テーマに沿った問題の収集です。テーマの目標達成を阻害しているものが問題です。たとえば，販売関係のテーマでは，「売上が未達である」「納期

▶図表3-6　真の問題とは

目　　標：1日5m 掘るところ
原　　因：木の根があったため
結　　果：3mしか掘れなかった
真の問題→原因（木の根）

出所：前掲書12頁より引用

が遅れる」「欠品が発生する」等が問題点としてあがってきますが，これらは現状発生している現象あるいは結果であり，問題点としての要件を備えているとは言えません。問題点をこのように表現すると，議論が進まないのです。

たとえば，1日5m掘る目標が3mしか掘れなかったとしましょう。問題を「3mしか掘れなかった」としてしまうと，議論が進みません。計画通りに進まなかったことには，理由があるはずです。たとえば，雨が降った，スコップが折れた，疲れて体調が悪かった，大きな木の根っこが隠れていた，計画そのものに無理があった，等々が考えられます。「3mしか掘れなかった」は問題ではなく，現象であり，悪い結果なのです（**図表3-6**）。問題とは，目標達成の阻害要素であり，目標とそれを阻害する原因とその結果からなるものです。たとえば，目標「1日5m掘る」ところ，原因「木の根っこがあったため」，結果「3mしか掘れなかった」であれば，この原因こそが問題となります。宿題は，テーマに沿って具体的に表現した問題の提出です（**図表3-7**）。

⑵　プリセッション

収集された問題は，プリセッションで議論されます。問題点に憶測や想像，

▶図表3-7　宿題の例

主要機能－1：経営計画管理の問題点			
No.	原因	No.	悪い結果
1	経営計画立案手順が不明確，不合理。	1	経営計画立案に時間がかかり，精度が低い。
2	部門間調整に時間がかかる。		
3	手作業による集計，計算が多い。		
	…		…
主要機能－2：販売の問題点			
No.	原因	No.	悪い結果
1	主要製品の売上が低下している。	1	卸売事業部の売上目標が達成されず，低下傾向にある。
2	競合品への対策が弱い。		
3	売上に寄与する新製品が開発されていない。		
4	量販店から差別化要求（プライベートブランド，特別仕様）。		
	…		…

出所：筆者作成

思い込みが混じっていないか，セッションで議論すべき重要な課題であるかを議論し，原因と結果の因果関係を確認し整理し「原因・結果リスト」を作成します。リストはメンバーに配布され，解決策（案）の検討が宿題に出され，プリセッションは終了します。

(3)　プランニング・セッション

プランニング・セッションでは，解決策が議論されます。持ち寄られた解決策は，達成可能性，実行可能性，評価可能性，前提条件や制約条件が検討され整理されていきます。各案に対しては，全員が賛否を求められます。納得できない案には反対していいですが，単なる反対は認められず，反対の理由と対案が求められます。

解決策は，時間的／量的／質的バランスの調整の上，システム化計画と業務改善課題にまとめられ，長期計画が作成されます。長期計画の２年分は，短期の活動計画に展開されます。活動計画では，活動目標，達成へのマイルストーン，５Ｗ１Ｈ１Ｐ（What, When, Where, Why, Who, How, Priority）を決めて，その責任者を決めます。この段階では，コンセンサスとコミットメントが求められます。コミットメント付きの活動計画が完成した時点で，プランニング・セッションは終了です。セッションで作成された計画は，レビュアーの承認を受けて実行に移されていきます。

しかし，計画された内容がすべて確実に実行されるとは限りません。何らかの理由によって遅れたり変更されるケースもあります。計画の立てっぱなしを防ぎ，実効性を担保するため，実施状況の評価や確認，実施上の課題を収集し解決するフォローアップ・セッションの開催が重要となります。

以上が，CPSの流れです。CPSは，日本IBMの各業界担当で業務を理解しているスペシャリストがセッション・リーダーとして会議運営に参加し支援してきた，多くの実績や事例があります。また，「セッション・ルール」を採用し，自社の会議運営のルールにしている会社も少なくありません。CPSは，客観的な事実と問題点に焦点を合わせ，立場の違いを乗り越えて合意に基づく実効性のある計画を作成する技法です。セッション・リーダーは交通整理役であり，中立の立場で会議の進行を支えます。CPSは，集団での思い込みや幻想，あるいは忖度から脱し，グループシンクに陥ることを回避し，チームの知恵と工夫を引き出します。

4-2　ザ・モーニング・スター・カンパニー[7)]

ザ・モーニング・スター・カンパニー（以降モーニング・スター）はカルフォルニア州サクラメント近くのウッドランドに本社を持つ世界最大のトマト

7）　この事例は，Hamel（2011）をもとに筆者が改変して作成した。

加工業者で，アメリカの年間加工量の25-30％を扱っています。1970年に，当時カルフォルニア大学ロサンゼルス校のMBAコースに在籍していたクリス・ルーファー（現社長）により創業された，400名のフルタイム従業員を抱え，７億ドル超の売上があるグローバル企業です。非公開企業のため財務業績は公開されていませんが，業界全体が平均年率１％の成長に留まっている中，ルーファーによるとこの20年間取引量，年商，利益とも２桁増を続けているそうです。

(1)　モーニング・スターの自主管理経営

モーニング・スターのユニークな特徴として，「上司なる者が一切いない」，「同僚との相談を通じて各自の責務を決める」，「全員に支出権限がある」，「仕事に必要な道具を誰もが自分で手に入れなくてはならない」，「地位に伴う肩書きも昇進もない」，「同僚の判断に基づいて報酬額を算定する」があります。その一方で，あたかも綿密な振り付けに合わせて踊るダンス・グループのように結束して仕事に当たっている点が特徴的です。

組織ビジョンに示されたモーニング・スターの目標には「全員が自主管理の達人になり，誰からも指示も受けずに同僚，顧客，サプライヤー，業界関係者とのコミュニケーションや調整を図る会社になること」という一節があります。「誰からの指示も受けずに」という部分において，モーニング・スターは「トマト関連の製品やサービスを提供して，品質や対応の面で顧客の期待に確実にお応えする」という目標を掲げており，従業員は皆，この実現にどう貢献するかを自分のミッション・ステートメントに記す義務を負っています。つまり，ミッションを上司の代わりにしているのです。

また各従業員は毎年，自分が仕事上きわめて大きな影響を及ぼす同僚たちと相談しながら，合意書（CLOU：Colleague Letter of Understanding）を作成し，ミッションを達成するための業務計画をたてます。作成にあたり10人以上の同僚と，各々20～60分ほど話し合い，最大で30もの活動分野に対して，関連する成果尺度を説明します。CLOUを作成する理由として，ルーファーは従業員同士が自主的な合意をもとに仕事をすると，うまく足並みがそろう点を挙げています。彼は，「CLOUを土台にして仕事の体制ができるのです。報告書を見せる，容器をトラックに積む，特定のやり方で機械を操作する，という約束を同僚と交わすわけですね。いわば自発的な取り決めが命令の役目を果たすため，自在な対応がしやすくなります。上から押し付けるよりも，業務上の関係性を改めやすいでしょう」と述べています。モーニング・スターでは従業員同士がクモの巣状の多面的な関わりを持ちつつ，その中で各自が独立請負業者に近い仕事のやり方を取っています。さらには23の事業部も毎年CLOUのような手順により，互いの交渉を通して取引条件を決めているため，折衝では激しい火花が散ることもあるそうです。

各従業員がもつ権限について，事業開発スペシャリスト，ニック・キャッスルは，以前の勤務先との比較について「モーニング・スターでは一人ひとりが会社を動かさないといけなく，誰かに命令するわけにもいきませんから，必要なことはすべて自分でやらなくてはいけない」と述べています。その１つに仕事に使うツールや機器を手配する際にも，モーニング・スターには購買部門もなければ支出を承認する上級幹部もおらず，誰もが発注権限を持っています。ただ各自に購入権限があるからといって，統制が取れていないわけではありません。類似の製品をまとめ買いしている者，あるいは同じメーカーと取引している者が複数いる場合は，定期的に会合を持ち，購買力を最大限に活かそうとしています。

自主管理は，人材採用まで及んでいます。「仕事が多すぎる」「新しい役割をこなすために人材が必要だ」と感じたら，自分たちの責任で採用活動に乗り出すことができます。モーニング・スターでは，最前線の従業員に会社の小切手帳を渡して率先して人材探しをしています。

会社が従業員の役割を決めるわけではないので，技能を伸ばしたり，経験を積んだりした従業員には，より大きな責務を引き受ける機会があります。そのため全員があらゆる分野の改善提案を出してよいとされており，モーニング・スターの従業員は，変革は自分たちの責任で起こすものと心得ています。そのため研修・育成責任者のポール・グリーン・ジュニアは，「自分の技能を活かせば付加価値を生めると思うなら，何にでも関わって構わないと考えている。そのため自分の担当とは別の分野で変革を起こす例も少なくありません。自然発生的なイノベーションも多いですし，変革のアイデアは意外なところからもたらされます」と述べています。

モーニング・スターでは階層や地位を示す肩書きがないので，昇進の階段も存在しません。だからといって，全員が対等というわけではありません。どの専門領域においても周囲より高い評価を受ける人はおり，その評価は給与水準に反映されます。社内競争はありますが，焦点はポストではなく，誰が最も大きく貢献するかに置かれています。この競争で優位に立つには，新しい技能を身につけたり，同僚の役にたつために新しい方法を見つけたりしなくてはなりません。

従業員同士が約束を交わして優れた協調性を発揮しますが，責任を伴わない無秩序につながる可能性もあります。規律に関する部分について，モーニング・スターでは自分の仕事ぶりを把握して賢明な判断を下すのに必要な情報すべてを，従業員に与えようとしています。CLOUには，必ず里程標が細かく記されます。それにより，同僚のニーズにどれだけ応えられているかを各自で確かめることができます。加えて，事業部ごとの詳しい収支が月に２回，全従業員に公表されます。「同僚が責任を果たしているかどうか互いに注意を払おう」という意識があり，支出が予想以上に跳ね上がると見過ごされず，愚行や怠慢はすぐに見つかってしまいます。従業員は自分の裁量で社費を支出して構いませんが，ROIやNPVを計算するなどして，事業上の妥当性を示さなくてはなりません。たとえば，300万ドルの投資を考えているのであれば，行動を起こす前に意見を交わす相手は30人を超えるかもしれません。そのため従業員は大きな裁量をもっているが，独断を下すことはありません。

裁量の濫用，恒常的な成果不振，同僚との喧嘩への対応については，まずは２人で話し解決しない場合は仲裁者をたてて話し合い，それでも解決しない場合は，従業員６人による委員会が設けられ，仲裁者の提案にお墨付きを与えるかあるいは別の解決策を示します。それでも本人が納得できない場合は，社長が当事者を集めて双方の言い分を聞き，判断を下すことになっています。

評価については，年末に全従業員がCLOU上でつながりのある同僚からフィードバックを受けることになっています。１月には，すべての事業部が前年の業績の妥当性を説明することになっています。事業部は業績によるランク付けの対象となることから，最下位あたりを低迷する事業部は，今後の投資に関して同僚に取り付けるのは難しくなります。２月には戦略会議があり，これも社内評価の機会となります。全従業員を前に各事業部が事業計画の説明を行い，有望そうな戦略に仮想通貨を投じます。この仮想投資で十分な資金が集まらないと社内からの厳しい視線を覚悟する必要があります。報酬については，年末にはCLOUで掲げた目標やROI目標などの指標に照らしながら，業績の自己評価を作成します。次いで，互選によって地域ごとに報酬委員を決めます。全社で８つほどの委員会が設置され，委員会は従業員の自己評価を吟味して，そこから漏れた成果も掘り起こしていきます。付加価値に見合うよう留意しながら，一人ひとりの報酬額を決めていきます。

⑵　自主管理経営のメリット・デメリット

事例の筆者であるハメル氏は，モーニング・スターのような自主管理の長所として，次の点を挙げています。

- マネージャーを置かなければ人員数と賃金が少なくて済むため，「コストが低減する」
- 昇進をめぐる競争がなくなるため，「協調性が高まる」
- 行動の自由を得た従業員が自ら変革を起こそうとし，同僚を助けると評判が上がるため，「主体性が強まる」
- やりがいがでてくるため，「忠誠心が厚くなる」
- 自分の仕事の質に責任を負うため，「専門性が深まる」
- 最前線の従業員が専門性を持つことで速やかな対応ができるため，「よりよい判断ができる」

- 従業員の対応が早くなるため，「融通がきく」

逆に短所としては，次の点を指摘しています。

- 階層型組織で働いてきた人の中には適応できない人がいるため，「適応が難しい」
- 期待に応えない同僚に強い姿勢で臨まないなら，みんなで申し合わせたようにほどほどの業績で満足してしまうため，「責任を果たせるかが難しい」
- 一朝一夕には慣れないため，「本格稼働までに時間がかかる」
- 昇進がなく，自分の進歩度合いを同僚と比べるのが難しいため，「人材の成長にまつわる問題」がある

モーニング・スターは，自主管理組織におけるチームシンクを実現している事例と考えられます。この会社では，上司から命令を受けるのではなく，ミッション・ステートメントが行動の判断基準となっています。このミッション・ステートメントと合意書が，メンバーに共有されたビジョンの役割を果たしていると思われます。また，大きな自由裁量が与えられていますが，その分大きな責任を負うことにもなります。評価基準は，この責任をどれだけ果たしたかに関する同僚からの評価がもとになっています。そのため，この会社では問題は脅威ではなく，同僚や組織に自分が貢献するためのチャンスととらえられていると考えられます。セルフ・トークについては事例からは不明確ですが，ネガティブなセルフ・トークをするような人は，この会社には不向きかもしれません。

5. 考　察

この章では，集団の意思決定をテーマに，グループシンクとチームシンクという２つのプロセスを紹介しました。ここでの議論を整理するために，次のようなタイポロジーを考えてみました（**図表3-8**）。

▶図表３-８　意思決定集団のタイプ

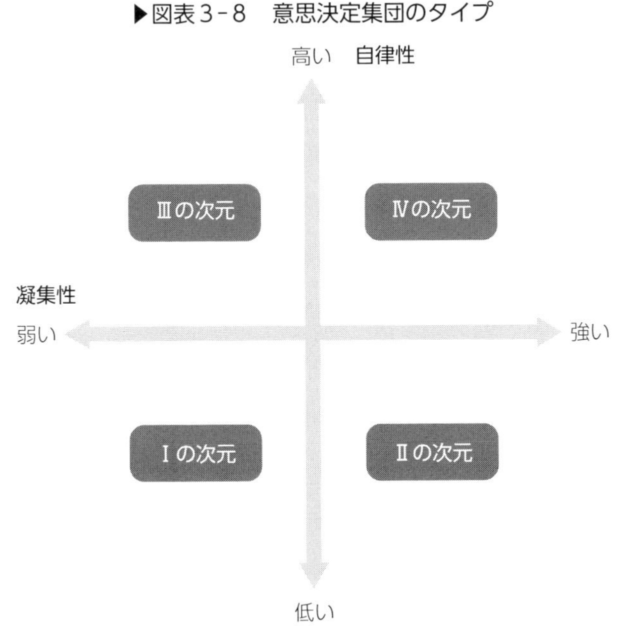

出所：筆者作成

このタイポロジーは，２つの軸がもとになっています。１つは，集団を構成するメンバーの自律性の高さです。自律性が高いほど，各々のメンバーの自由裁量と責任が大きくなっていきます。もう１つは，先ほど述べた凝集性です。凝集性が高いほど，メンバーは集団に魅力と一体感を感じ，集団に貢献しようとします。この２つの軸を用いて，図の４つの次元について考えてみます。

Ⅰの次元は，自律性が低く凝集性が弱い集団です。この集団のメンバーは，上から命令があれば動きますが，相互がバラバラに動いておりまとまりがありません。このような集団は，おそらく生産性は最も低いと考えられます。このタイプは，日常的に職場で目のあたりにしてきた人が多いのではないでしょうか。

Ⅱの次元は，自律性が低く凝集性が強い集団です。仲間意識は強いのですが，一方で一人ひとりのメンバーは，自分の意見を言うよりも周囲との同調を優先させようとします。その結果，前向きな批判分析ができなくなり，結果的に間違った意思決定をしてしまう危険が高まります。この章で述べたグループシンクは，このような集団で発生しやすいと考えられます。また，カリスマ的なリーダーが存在し，メンバーが自らの判断をリーダーにゆだねているような集団も，この次元にあてはまります。

Ⅲの次元は，自律性が高く凝集性が弱い集団です。各々のメンバーが高い自由裁量と責任を持っていますが，集団としてのまとまりは弱い状態です。たとえば大学教員のような専門家集団は，このタイプにあてはまることが多いと思われます。このような集団は，個人レベルの能力発揮には適していますが，それを組み合わせてより大きな力にすることには不向きと考えられます。

Ⅳの次元は，自律性と凝集性両方が高いレベルにある集団です。CPSやモーニング・スターのように，チームシンクが発生する集団がここにあてはまるのではないかと考えられます。この次元の集団は，メンバー全員が合意できるビジョンを共有すると同時に，各々がユニークな貢献をするための自由裁量と責任を持っています。問題は脅威ではなく機会であり，批判があることが健全な状態だと認識されています。このような集団を形成するためには，まず全員が合意できるビジョンをボトムアップで作成すると同時に，ミーティングにおけるルールと役割を整備することで，オープンな意見表明を促進し，過度な同調が起きないようデザインすることが必要ではないでしょうか。こうすることで，一見相反する自律性と凝集性を両立させた集団形成が可能になると思われます。

アカデミック・コラム

アビリーンのパラドックス

集団の意思決定の罠の一例として，「アビリーンのパラドックス」を紹介しよう。テキサス州のコールマンという町での出来事である。ある家族（夫婦と妻の両親）が家でくつろいでいるとき，ふいに舅が「アビリーンに食事に行かないか？」と言い出した。アビリーンは，彼らの家から106マイル離れた町であり，そこのレストランの評判も芳しくなかった。しかも季節は夏で，外気温は40度に達しており，砂埃が巻き上がっていた。さらに悪いことに，1958年製のビュイックには，空調設備がついていなかった。この提案に賛成する者はいないように思えるが，不思議なことに全員が行くことに賛同するのである。その結果，彼らは最悪のドライブを体験することになる。

さらに不可思議なのは，この不愉快極まりないドライブを終えた家族全員が，本当はアビリーンに行くことには反対だったと告白したことである。提案者の舅までが，皆が退屈そうだったから言ってみたまでで，自分は行きたくはなかったと言い出す始末である。

この体験をした夫は，この現象を「アビリーンのパラドックス」と名付け，組織はしばしばメンバーが本当に望んでいる方向とは逆の行動をとり，本来の目的達成に失敗すると述べた（Harvey, 1974)。彼は，このような現象が起こる原因として，周りとは違う意見をいうことで起こりうる疎外に対する恐れがあるとしている。

全員一致に見える意思決定が悲惨な結果をもたらすという点では，アビリーンのパラドックスとグループシンクは似ているように思われる。しかし，Kim（2001）によれば，２つの現象を生み出す集団の特徴は，かなり異なっているという。たとえば，アビリーンのパラドックスでは，メンバー

では，メンバーは決定がよい結果をもたらすとは思っていない。またメンバーがごく消極的にしか賛同していないという特徴がある。一方グループシンクでは，メンバーは決定が悪い結果をもたらすとは考えていない。また，集団のまとまりも非常によく，積極的に決定に賛同している。

アビリーンのパラドックスを防ぐにはどうすればよいだろうか。Harvey（1974）は，皆が本当に同意しているのかどうか確かめる中で，問題について率直かつオープンに話し合うことが有効ではないかと述べている。

第4章 集団効力感：チーム力が発揮されるとき

1. はじめに

職場でもチームでも，一人ひとりの能力が高いことはもちろんですが，全体としての能力の高さがその職場やチームのパフォーマンスに大きな影響を与えることがあります。もっと言えば，一人ひとりの力は小さくても，それがうまく組み合わされることによって，全体の総計よりも強い力を発揮することもあるのです。

後に詳述しますが，個人がタスクの達成のために必要な行動を取り，望ましい結果をもたらすことができるという信念を，自己効力感と呼びます。自己効力感は，個人が直面する困難を克服し，課題を達成するためにはぜひとも必要な信念です。しかし，それだけでは職場やチームの成功へはつながりません。「自分たちが結束して力を発揮すれば，望ましい成果を達成できる」という集団効力感が必要になります。

本論に入る前に，集団効力感が発揮され，素晴らしいパフォーマンスをもたらした事例を紹介しましょう。箱根駅伝で2015年から大会３連覇を達成，そして出雲・全日本と合わせて大学駅伝３冠を成し遂げ，青山学院大学陸上競技部（以下，青学陸上部）の快進撃を実現した原晋（はらすすむ）監督の自発的なチーム作りのお話です。

2. 強いチーム作り：青山学院大学陸上部の事例

青学陸上部の監督を引き受けた原監督自身は，高校で駅伝留学をしましたが，陸上生活の中で自慢できる話といえば，高校３年生の時に全国高校駅伝大会で準優勝したことだけと語っています。大学でも陸上を続けましたが結果を出せず，就職した会社で陸上部一期生として誘われましたが，怪我をして５年目で現役生活にピリオドを打ちました。引退したのちは，とある営業所に配属されて営業をすることになったのです。そこでトップの成績を上げた頃に，青学陸上部の監督就任の話が舞い込んできました。就任した当時は，陸上部の弱体化は予想以上で，部員の口からは「練習したってどうせ……」という後ろ向きな発言しか出てこない状況でした。

そんな陸上部を見て，指導経験のない原監督は，彼が10年間サラリーマンとして実績を積み重ねる過程で学んだ，チーム作りや人を育てることに関してのビジネスのノウハウを活用することを思いつきました。そして，33年間箱根駅伝に出場していなかった青学陸上部を，自分たちで考えて勝つことができる自発的チームへと変えていったのです。

2-1 目標設定と管理

ビジネスの現場では，当たり前である会社全体の目標，部署の目標，個々の目標が陸上界にはなかったそうです。目標があるのは監督の頭の中だけで，選手一人ひとりの目標にたいする意識が希薄でした。原監督は部員たちに「チームの目標」と「個人の目標」を分けて設定させました。組織の目標の下に個人の目標があれば，個々の成長が組織強化につながります。

目標は，現状から遠いものではなく，半歩先に設定します。監督は，この小さな目標をクリアしていく方法を「柿の木作戦」と名づけています。手を伸ばせば届く目標で，実際に達成し，クリアしたらもう少し上まで手を伸ばすということを繰り返していきます。その成功体験の積み重ねがメンタルを強くするのです。

また目標は，口で言うだけではなく，細かく「目標管理シート」に書き出してそれを貼り出し共有することにしました。そうすることによって，書いた本人の達成へのモチベーションが高まると同時に，メンバー全員の頭に目標が刷り込まれ，大きな目標に向けてチームに一体感が生まれるのです。共有することによって，他の部員が目標を達成したことがわかって，「自分にもできる」のだという励みにもなっています。

2004年に就任して，当初は部員が育つ土壌作りに時間を費やしましたが，個人の目標を達成しながらチームとしての成績も上がっていきました。2009年には33年ぶりに箱根駅伝に出場し23チーム中22位でしたが，翌年には一気に８位になりました。それ以降は順位を上げて2014年には５位となり，2015年からは３連勝をしています。

2-2　組織の進化の４つのステージ

原監督は，組織の進化を４つのステージで説明しています。

ステージ１は，命令型で監督の命令で全員が動く中央集権型の組織でティーチングの段階です。強い組織の土台を作る最初のステージで，部員に知識や技術を細かく教えていきます。このやり方には限界があり，部員が個性をなくしたり，部員に自主性は生まれません。

ステージ２は，指示型で監督が学年長（代表者）に指示を出し，学年長が部員に伝えて動くチームです。学年長には権限がありますが，ほかの部員はまだ自ら積極的に考えようとはしていません。スタッフを養成して少しずつ権限を与えていくのです。

ステージ３は，投げかけ型で監督が方向性だけを学年長に伝えて，学年長と部員が一緒に考えながら動くチームです。徐々に部員に責任を与えて，選手の自主性を重んじるようにしていきます。この段階では，チームの凝集性が高まり，ポジティブな強化やフィードバックを行うことができるのです。

ステージ４は，サポーター型でチーム作りの最終段階になります。監督が外部指導者を巻き込みながら，部員に対してサポーター役になるのです。監督がすることはティーチングではなくコーチングに移っていき，見守ることになり，部員の自主性とチームの自立を求めていくことになります。

原監督は陸上界ではステージ３以降のチームをほとんど見たことがないそうです。監督の指示通りに選手が動くチーム作りをしているところがほとんどなのです。原監督が理想とするのは，自主性を重んじるチームであり，監督の立ち位置が遠く離れていくことだと感じました。青学陸上部は，今では成熟した組織になり，新入生が入ってきても，上級生たちが先輩から受け継いだやり方をわかっているので，監督が口を出すことはなく自発的に動くチームになっています。

2-3　キャプテンに求められる資質

原監督が重視するキャプテンの資質は，部員がこの人と一緒に戦いたいと思える人です。駅伝は個人種目ではないので，中には調子の悪い選手がいてチーム状態が悪い時もあります。その時にチームを明るく前向きな方向に導くことが必要になります。物事をネガティヴにとらえるのではなく，前向きにとらえて，それを周りに伝える言葉をもっている人がチームを引っ張っていくことができるのです。

原監督は，契約最終年の時に結果を焦ったのか，人間性を度外視してタイムが良いだけの選手をスカウトしたことがあります。その選手はチーム内をかきまわし，チームの成績は落ち込み陸上部が空中分解の危機に陥ったことがありました。その時の失敗から，組織力やチームを押し上げていくのは「コツコツと努力のできる心根の良い人間」だと確信したということです。

2-4　コミュニケーション

長距離の選手は，従来のイメージからいえば口数が少なくストイックですが，青学陸上部は寮では部員全員がおしゃべりをしながらにぎやかに食事を楽しんでいます。話をすることは相手に何かを伝える行為で，表現力が必要です。その表現力が複数の人が集まる組織やチームの中で強力な武器になるのです。

青学陸上部では，目標設定や管理のために部員同士が頻繁にミーティングをします。キャプテンや学年長を選ぶ時も監督が仕切るのではなく，選挙もせず話し合いで決めます。コミュニケーションは組織全体を活性化させ，それぞれの意見が建設的に積み重なることで，組織全体の意見に仕上がっていくのです。

2-5　育ったら引いていく監督

原監督は，陸上とほかのスポーツの監督の違いを理解して，見守る監督に徹しようと考えています。野球では試合中に監督が采配できます。サッカーも試合中に選手交代ができ，試合の最中に監督の判断力に負うところが大きいといえます。しかし駅伝の監督はレース中にできることは，ほとんどありません。ただ見守るだけです。

試合の時にチームが自発的に考え実力が発揮できるように，日ごろの練習から原監督は４つのステージの３か４の離れた立ち位置を保っているように見えます。トップが変わってもぐらつかない組織を目指して，任せられるようになったらどんどん権限を委譲してきたのです。監督の仕事は成熟したチームになれば，命令や指示することではなく，見守ることだと肝に銘じておられるのでしょう。

3.　キーワード：集団効力感

青学陸上部が，箱根駅伝の予選会さえ通過できない弱小チームから大会３連覇を達成できるようになった理由の１つに，「チーム力」を原監督は挙げています。チームスポーツの世界では，単にチームメンバー個人の力の合計ではなく，それ以上の力が働く「チーム力」がチームスポーツの勝負を分ける重要な要因だと考えられ，多くの研究がなされています。その中の１つに，永尾他(2010) などで競技成績を左右する重要な要因として提唱されている，「集団効力感」というキーワードがあります。集団効力感とは，チームスポーツの場合

▶図表4-1　集団効力感に影響を与える要因

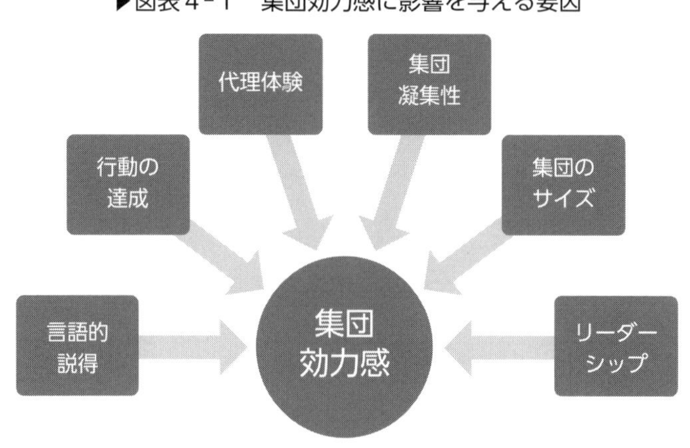

出所：永尾他（2010）14頁より筆者作成

なら，「私たちのチームなら勝てる」という信念を持つことです。集団効力感を提唱したBandura（1997）によれば，この概念は，課題の達成に必要な行動を系統立てて実行するための能力に対する，集団で共有された信念と定義されています。

チームスポーツでは，この集団効力感をチームメンバーが持つことで競技成績にプラスの影響を与えるということが言われており，この集団効力感が職場にも起これば，「私たちのチームなら目標達成できる」という信念をもつことで職場の活性化につながることが期待されます。

では，集団効力感はどのように高まるのでしょうか。先述した永尾他（2010）によれば，「集団凝集性」「行動の達成」「言語的説得」「代理体験」「集団のサイズ」「リーダーシップ」などの要因が，集団効力感に影響を与えていると言われています（**図表4-1**）。以下，それぞれの要因について簡単に説明します。

3-1　集団凝集性

集団凝集性とは，集団のメンバーがお互いに引きつけられ，その集団にとどまるように働きかける度合いのことです。たとえば，メンバーが一致団結して目標を達成しようとしている，メンバー同士の仲がいいといった傾向がみられると集団凝集性が高いと言えます。職場においては，集団の凝集性が高いほど，構成員の団結力や協調性が高まる，大きな目標を達成しやすくなる，目標や課題などの情報共有が容易になる，相互作用によりパフォーマンスを向上できるといった特徴があります。先ほどの青学陸上部の事例でも，大きな目標に向けてチームに一体感があったり，寮でにぎやかに食事を楽しんでいたことから集団凝集性が高かったことが見受けられます。

また，神戸大学教授の鈴木竜太氏は，集団凝集性が高い職場では，職場あるいは組織のために仕事における個々人の創意工夫が起こりやすいことを明らかにしており，集団凝集性の高い集団は低い集団より生産的であると唱えています（鈴木, 2011）。

3-2　行動の達成

行動の達成とは，成功体験を得ることであり達成感をもつことです。過去の自分たちが実際に行動し成功した経験から，同じ行動に対して「自分たちはまたできるだろう」という遂行可能感が高まると考えられています。青学の事例では，半歩先の小さな目標をクリアしていくことを繰り返すことで，行動の達成という成功体験を積み重ねていました。

3-3　言語的説得

言語的説得とは，言語的な説明や励ましを通じて自分やチームに能力があることを伝えられることです。スポーツチームでは，メンバー同士で活発に励まし，チームの目標や能力に対してポジティブな強化やフィードバックを行う場面が見受けられます。また，チームメンバーだけでなく，やる気を高めるようなコーチの声かけやフィードバックも集団効力感の向上につながるとされています。青学陸上部でも，調子の悪かった選手が，チームメンバーやトレーナーから励ましの言葉を受け，大会直前に本来の走りを取り戻したという話があります。

3-4　代理体験

代理体験とは，他チームの行動を観察することによって「これなら自分たちにもできる」と感じることです。永尾他（2010）は，代理体験の方法の１つとしてビデオ視聴の活用を挙げ，スポーツ場面において成功したチームを観察し代理体験することで，「自分たちにもできる」という影響を与えることができると示唆しています。

3-5　集団のサイズ

集団のサイズとは集団の人数のことを表しています。集団のサイズが小さいほど，意見や情報を用いて何か生産的なことを行いやすく，集団効力感をもちやすくなると言われています。青学陸上部においても５，６人を一組とするグループを作り，目標管理のミーティングを行っているようです。

3-6　リーダーシップ

集団を率いるリーダーが発揮するリーダーシップも，もちろん集団効力感の発揮には重要です。リーダーシップについては，後の事例の中で詳しく見ることにします。

このように，これまでの研究では，集団効力感に影響する様々な要因が列挙されています。これらの視点から考えることによって，集団効力感を高めるより実践的な方法の示唆が得られるでしょう。

以上の考察に基づき，次にある企業の営業部門の事例を紹介します。この事例では，集団効力感の高まり方とその時期，またリーダーシップを含めそれぞれの要因がどのように絡んでいったのかをみることができます。

4. 職場で発揮された集団効力感：Ａ営業部の事例

この事例を選んだのは，ある部長と課長の会話がきっかけです。「あの年の12月はすごかったよな」と感慨深げに語っていた２人。「すごかった」というのは厳しい目標を一体となって達成したことをあらわしています。この会話を一度ではなく何回も耳にすることで，人はあそこまで熱く思いを共有できるものなのか，それを語らせる当時のＡ営業部とはいったいどのような集団だったのか，「あの年の12月」には目標を達成するにあたりＡ営業部では何があったのか，どのような経緯で目標達成まで至ったのか，ということを知りたい思いに駆られ，当時のメンバーにインタビューを依頼することにしました。

インタビューは，当時のＡ営業部の中でも特に熱かったと思われる課のメンバーを中心に，部長，課長，課員にも行い，「あの年の12月」に何が起こっていたのかを明らかにしていきます。

今回紹介するチームはＡ営業部に属していました。リーマン・ショック後の2009年４月にＡ営業部に着任した部長は，長年他部門の部長として業績を残してきましたが，Ａ営業部を担当するのは初めてでした。Ａ営業部は部長着任以来，目標に対しては厳しい状況が続き，上半期の結果も非常に厳しいものでした。９月から11月においても目標達成までいま一歩。リーマン・ショック後ということから，もともと達成は難しいという雰囲気を職場のメンバー全体が抱いていました。このストーリーの舞台となった12月においては，１年の最大の山場である年末商戦を迎え，平月の倍近くの目標という，非常に高いハードルが課せられました。そういうわけで，平月の時以上に当初は「今月も厳しい戦いになるな」という感じを抱いていました。

しかし，最後まであきらめずに売上を積み上げた結果，他のほとんどの部門が達成することができなかった目標を，Ａ営業部だけが達成するという偉業を成し遂げたのでした。そして時がたってもなお「あの時はすごかったなあ」と語り草になっているのです。その時に１つにまとまったミラクルチームの12月の動きをこれから時系列で振り返ります。

4-1　個人で積み上げる上旬（1日〜15日ごろまで）

A営業部では，部や課，そして個人の目標はありますが，業績の評価は課単位ではなく，個人単位で行われます。そのため，月初では課員たちは個人で活動して自分の目標を達成するように動きます。通常，前半はメンバー全員がそれぞれ頑張り，自らの目標達成に向けて邁進します。メンバーの中でも高業績の者ほど後半頑張って数字を詰めていくという動きをします。しかし，この年は，たまたま10日あたりにチームのメンバーのひとりが，大型物件（1千数百万円）を受注しました。A営業部全体としては，これによって少し弾みはつくものの，まだまだ達成できるという雰囲気ではありませんでした。しかし課長以下メンバーは「もしかしたら目標を達成できるかもしれない」という意識を持っていたようです。

他部門では，たとえたら一匹オオカミのように動き，部の目標はあっても，自分の業績が第一であり，月末近くなると，部や課の業績に寄与するための動きもしますが，業務の特性上助け合いをすることはあまり見受けられません。他の課員が大きな売上をあげたら，「次は自分が売ってやる」と思う課員が多く存在します。

しかし，A営業部は顧客が企業なので，大型物件を受注した場合，受注までのプロセスにおける他の課員との情報共有や，納品においても他の課員の協力がなければできないことが多いため，現場ではお互い助け合うことが業務の一環として行われています。

大型物件の例として，以前某企業で約2億円の物件がありました。大型物件は個人がとった物件であり，評価も個人に対して行われます。しかし，他の課員の協力がないと納品はできません。したがって，大型の物件を他の課員が受注した場合，自分の時も手伝ってもらったので，他の課員の受注物件についても進んで協力するという風土ができ上がっていました。

そのような風土が醸成されるのは，同じメンバーで長く仕事をしてきたことでメンバー同士がお互いの性格までわかるようになっていたことや，法人特有の業務の特性があげられます。忙しい時やクレームがあった時ほど，励まし合い，皆で飲みにいくなどのコミュニケーションも要因の１つとしてあげられます。そのようにして，信頼して助け合うような人間関係が築かれていたのです。

物件受注のノウハウに関する情報交換は，課を越えて個人の間でなされていましたが，業務に関しては課の中で協力するに留まっていました。個人の売上が課の売上となり，課の売上の集計が部の売上となるからです。

課員にとって目標の意味は大切であり，やる気がでるかどうかが左右されます。過去には，根拠がなく納得できない目標を与えられることもありました。そこには何の説得力もなく，ただ腑に落ちない目標のためにがむしゃらに動かなければならない時もありました。しかしその月においては，後に述べるように目標の意味が納得できて頑張ることができたのです。

部長による直接の課員への働きかけはありませんでした。課長と部長との年齢差が少ないことからくる遠慮があったかもしれませんし，もともと課長が以前から情報提供に徹し，課員の自主性を重んじ方策を任せるやり方をとっていたからかもしれません。課長は以前，自分たちの会社はトップダウンが強く，課員の立場からすると「やらされている感」がある組織であると感じていました。しかし課長は，それでは楽しさは醸成されないという持論から「楽しく仕事をすること」をモットーとしていました。課長のこういう考え方は，事あるごとに部下には伝えられていたのです。

Ａ営業部のリーダーは部長ですが，課長はサッカーチームでいうとキャプテンのような存在です。課長の位置づけは，他の営業部門であれば課員の上司であり，まとめ役ですが，Ａ営業部では，まとめ役もするが一人の営業マンという立場でもありました。課長は，一緒に営業をするプレイング・マネジャーでした。

部長のマネジメントをみると，12月だけは違っていました。部長も課長の自主性を尊重し，部の予算を達成させるための方策を考えさせてくれたのです。彼は，前の部門ではどちらかというとトップダウン型のマネジメントでした。

しかし，A営業部でのマネジメントは違っていました。自分は上からのプレッシャーを受けても，耐えて自分のところでとどめておき，課員たちの盾となっていました。この様子を見て，課員たちは，「一番しんどい思いをしているのは部長なのだ」と感じていました。部長はトップダウンによる強力なリーダーシップを発揮するのではなく，課員を信じて自由にさせてくれたのです。同じ部屋の中で部長が本部長から叱られているのを見て，課員たちは部長には迷惑をかけていると強く感じていました。部長の様子は，A営業部が初めてであったので，戸惑いながらも「知らないから教えてほしい」というような姿勢に映ったのです。

4-2　数字が見えてくる中旬以降（15日～25日ごろまで）

通常，20日時点で月末予想を出しますが，目標があまりにもかけ離れていると，部や課が1つにまとまらず，来月頑張ろうということになります。しかし12月は，1年の中でも特別な月で，テンションが高くなり独特の雰囲気になります。アドレナリンが出てくる状態です。忙しい月の方が，目標を達成しようという気持ちになり課がまとまりやすくなることが多いのです。この時は，20日あたりまでに大きな受注がありました。

20日の部の集計時点で，部長が，新しいやり方を加えると売上達成をするかもしれないと思い，以前の部門での経験を活かしセールスを助言してくれました。「こういうものもあるで」と商品を紹介してくれたり，商品の価格の交渉もしてくれたのです。しかし，A営業部はもともと自主性を重んじていたので採り入れることはありませんでした。

中盤になると他の部門の情報も入ってくるようになりました。特に他の部門の成功案件については，とても敏感になります。自分が担当している顧客と同業種ならなおさらです。情報は入ってきますが，「他の部門に負けないように頑張れ」というプレッシャーをかけられることはありませんでした。A営業部の課長は，係長以下に目標達成に向けてうまく情報を流していきました。日々「○○でいくら決まった」という声が部内に響き渡るようになり，課員たちは進捗状況を共有し，モチベーションを上げていったのです。個人の目標よりも課の予算に意識がいっていたので，目標が達成できていない課員に責任を問う雰囲気ではありませんでした。集計の数字がわからず，情報もなく，闇雲にただ「行ってこい」という状態では頑張ることはできなかったでしょう。

4-3　目標に手が届くと確信した月末（25日以降）

予算達成について意識し始めたのは25日頃でしたが，A営業部が動き出したのもクリスマスの25日でした。この時が，売上数字を見た部長と課長が達成可能性を感じた時でした。課長が「ここまできたら達成しましょう」と部長を後押しし，課員たちも同じ思いを持ったのです。ずっと目標を達成できず，本部長から叱られても自分たちの盾になってくれた部長の意気に感じ，心が燃え，課長以下メンバーは部長のために達成しようという強い気持ちになったのでした。その結果，A営業部は予算達成することができたのです。

課を１つにした「部長のために」という気持ちは，どこから湧いてきたのでしょうか。2012年ロンドンオリンピックの男子競泳400メートルメドレーリレーで，銀メダルをとったチームと重なるところがあるのではないかと思います。個人でメダルを逃した先輩の北島康介選手のことを想い，松田選手はレースの前に他の３人と「康介さんを手ぶらで帰らせるわけにはいかないぞ」と話しあったといいます。努力しているのに苦戦している誰かのために，という気持ちがチームの一体感を高めた例は，日本では多くみられます。今回のミラクルチームも，課員の皆が１年を締めくくる年末商戦で，ずっと予算を達成できなかったことで部長に申し訳なく思い，「部長のためにがんばろう」とまとまっていったと思います。

25日を過ぎると，例年であれば，対象顧客である法人が休暇に入り，商売が行いにくい状況にありますが，メンバーは目標達成の可能性を感じ実現に向けて各自で創意工夫を始めました。各課の係長以下のプレイヤーがそれぞれの役割を認識して動いた結果，小さな売上が積み上がり，大みそか閉店間際に部の目標を達成することができました。この日は達成の酔いがおさまらず，そのままメンバーで飲みに行き，夜遅くまで盛り上がったのです。

4-4　事例の分析：なぜ目標達成できたのか？

先述した経緯で，A営業部の職場メンバーの誰もが月初めには難しいと感じていた部目標を見事達成することができました。では，なぜ多くの職場メンバーが達成することが困難と思っていた目標にも関わらず，目標達成できたのでしょうか。

大きな要因として，職場メンバーが最後の最後まであきらめず，目標達成に向けて取り組んだということが挙げられますが，その中でも「なんとしても目標達成しよう」と一丸となって盛り上がり，後半に伸びを見せたことが貢献したと思われます。

私たちは，当時A営業部に所属し，特に職場メンバーが1つとなり盛り上がった人々を中心に計9名（部長，課長含む）にインタビューをお願いし，協力していただきました。ここでは，インタビューを通じて発見した重要なポイントを，集団効力感という概念を用いて説明します。

⑴　成功体験の積み重ね：行動の達成

今回の事例を成功に導いた要因として，まず初めに考えられるのは，12月初旬の大型物件の受注です。この大型物件を職場メンバーが受注したことで，到底達成することができないとあきらめていた気持ちに，わずかながら目標達成の手応えを感じたのです。インタビューでは次のような声がありました。「Tさんの大型物件で達成が少し見えたような。自信はないけど，もうひと踏ん張りすればいけるかもしれない」（Nさん），「12月初めに1000万円物件が決まり，いけるのでは？　まだまだだが……」（Kさん）

このように大型物件受注という成功体験を通じて，「今月もしかすると部目標を達成できるのでは」という効力感を多くの職場メンバーが感じていました。また，このような効力感は大型物件だけでなく，「仲間が受注した情報が耳に入る度に盛り上がっていった」（Nさん）というように，それ以降のさほど大きくない物件を受注した際にも得ることができ，職場メンバーの効力感を高めています。

これは，集団効力感を高める要因として挙げた「行動の達成」が該当します。行動の達成とは，成功体験を得て，達成感を持つことにより，「自分たちはまたできるだろう」と遂行可能感が高まることです。青学陸上部が勝つことによりモチベーションを高めていったように，今回の事例でも，職場メンバーの受注という成功経験を積み重ねるごとに，12月の部目標を達成できるだろうと効力感を高めていきました。この「行動の達成」は大きな要因です。

また，グループの大きさも集団効力感に影響していたと考えられます。インタビューでは，「部の目標みたいに大きければ，自分の貢献をあまり感じないが，課の目標だったら，自分の頑張りが貢献しているという実感が湧く」（Ｙさん）といったように，こじんまりとした人数（４～６名）の方が感じやすいといった声がありました。このことは集団効力感を高める要因の１つ「集団のサイズ」が該当します。，顔の見える範囲でのチーム編成の方が，集団効力感を高める上では有効だと考えられます。

⑵　職場メンバーが１つになった：集団凝集性

次に，職場メンバーの気持ちが１つになり，一体感を持って目標に向かって取り組んだということが挙げられます。今回の事例では，12月中旬頃から急速に一体感が高まっていきました。それまでは，各人が年末商戦の真っ只中でそれぞれの目標を追うことに意識を集中していましたが，それが落ち着き，部全体の進捗状況を会議でアナウンスされたあたりから，職場メンバーの目標意識が個人目標から部門の目標に変化し，同時に職場の一体感も高まり，職場メンバー全員が目標達成に向かっていきました。

インタビューでは，「毎年12月は15日まではかなり煩雑なんですよ。20日あたりになると余裕がでてくるんです。そのあたりからですかねぇ，課や部の目標を意識するのは」（Ｙさん），「最初は課目標を意識，部目標は最後に意識。数字が詰まってくるにつれ一体感が高まっていきましたね」（Ｉさん），「個人ベースの目標でいいと思っていても周りの雰囲気で巻き込まれると思いますよ」（Nさん）といったように個人目標から課，部目標への意識の変化とそれにつれて職場の一体感が高まった状況を振り返っています。

この事例のように職場メンバーが一体化する，またメンバー同士が引き合う度合いのことを，「集団凝集性」といいます。スポーツ集団においてチームワークを発揮することはチームの目標達成に非常に重要な要因であると考えられ，集団凝集性，特に集団が持つ課題や目標に対しての凝集である課題凝集性の概念が重要であるとされています。

今回の事例においても，職場メンバーの目標が部目標を達成するという課題に凝集したことにより，一体感を持ち，そしてメンバーの誰かが受注する度に目標達成できるという集団効力感に影響を与え，それがまた一体感を醸成させるという好循環を生み出していました。A営業部は，高い課題凝集性を見せていました。

では，なぜ課題凝集性が高まったのでしょうか。1つは先述した大型物件受注をはじめとする行動の達成があったからと考えられますが，それ以外の要因として，今回の事例では，目標が「部長のために達成しよう」という職場メンバーの気持ちを1つにする，いわゆる目標を達成することに対して「大義」を持つようになったことが考えられます。インタビューでは「部長が来てから未達の状態で申し訳なかった。下期に入ってからそういった意識を持ち始めていた」（Nさん），「当時目標が達成できない厳しい状況が続き，申し訳なかった。他メンバーもそう思っていたはず」（Kさん）とあります。このような大義があったから，初旬の大型物件受注の際にA営業部メンバーは少なからず目標達成の可能性を感じていたのかもしれません。

また，やる気にさせる目標設定について「目標を単に数字の割り振りで決められていたのではやる気にならない。なぜその目標を達成しないといけないのか理由が明確であってほしい」（Nさん）と目標を達成することに対する意義の重要性を語っています。

今日多くの企業が，目標は全社から部門，職場単位へとブレイクダウンし，上司，部下による調整のもと目標を設定するという目標管理制度を導入しています[1)]。経営学者のドラッカー（1954）は，目標管理制度の利点について，自己管理により，最善を尽くしたいという強い動機がもたらされることを挙げていますが，実際には，上から目標が割り当てられるだけのことが多く，それに強く動機づけられている人は少ないのではないでしょうか。

鹿毛（2004）によれば，目標には，なぜ達成するかという「目的目標」と何を達成するのかという「標的目標」があります。Ｎさんへのインタビューは，どれだけ達成するかという標的目標だけでは，職場メンバーは動機づけられず，なぜ達成しなければならないか，または達成した結果得られることを示す目的目標も必要であることを示しています。

今回の事例では，割り振られたように感じていた標的目標に加え，「部長のために予算達成しよう」という思いを職場メンバーが持ち，大義ある目的目標を持ったことが一体感を持たせ，集団凝集性を高めることにつながったと言えます。

(3)　職場メンバー間での情報交換：コミュニケーション，代理体験

次の要因としては，職場メンバー間での「コミュニケーション」が活発に行われていたということが挙げられます。具体的には，職場メンバー間で日々の出来事や営業活動に関する情報交換を頻繁に行っていました。

この情報交換による効果は，他課メンバーが成功した情報を聞くことで「これなら自分にもできる」と感じることができたことです。これは集団効力感を高める要因の１つである「代理体験」に該当し，スポーツ場面においては，成功したチームを観察しモデリングすることで，チームの集団効力感を高めることができると示唆されています。今回のインタビューにおいても「他課の成功物件などの情報交換はとても気になるのでよくしていた。担当している顧客と同業種ならなおさら気になる」（Ｙさん），「メンバー同士でどれだけ売ったか

1)　労務行政研究所「労政時報」第3628号2004年４月23号26頁。

など情報交換をしていた」（Nさん），「周りの状況の情報交換が自分をやる気にさせ，周りが顧客を勧誘している姿を見て，自分も行動に移していたような」（Oさん）といったように成功事例を採り入れることは職場メンバーにとって効力感を高める上で非常に効果がある要因であると言えます。

⑷ 助け合い，協力し合う仕事デザイン：タスク依存性

事例であるA営業部では，情報交換が自然な形で行われていましたが，なぜこのような情報交換が活発に行われていたのでしょうか。それが行われる下地に，職場での仕事のやり方が影響していると考えられます。同じ企業であっても，他の営業部では一匹オオカミ的な活動をする人が多く，情報交換があまりなされていませんでしたが，A営業部ではお互いが助け合い，協力し合うという仕事の仕方を行っていました。

この点について，「A営業部は，営業活動の会話のやりとりがもともと多かった」（Nさん），「顧客が会社だから，業務上協力する必要があったせいか，助け合い，協力する職場風土がある」（Kさん），「A営業部は個人別の売上予算はあるが，課としての捉え方が大きく，課員同士の物件受注に関する成功事例の共有や納品等の際に助け合いがないと対処できないことが多い」（Yさん）といったコメントがありました。つまり，お互いが助け合い，協力し合うという雰囲気の形成には，それがなければ業務が遂行できないという「タスク依存性」が影響しています。

業務上で協力を求めたり，求められたりすることを繰り返すうちに，職場メンバー間でのコミュニケーションが図られ，日常会話における営業活動の情報交換などが頻繁に行われています。さらに「職場メンバーの誰かがミスやクレームを受けた場合は必ず飲みに行き，励まし合うんですよ」（Yさん）といった業務時間外の付き合いにも及んでいます。

また，この助け合い，協力し合う雰囲気は，「メンバーを助けたり，助けられたりした時に一緒に仕事をしていると感じられるんですよね」（Oさん）といったように，職場としての一体感，つまり集団凝集性を高めてもいます。今

回の事例において，集団効力感を高める上で大きな要因であったと考えられます。

(5)　リーダーとしての行動：横から目線のリーダーシップ

次に，部長，課長が職場メンバーに与えた影響について考えます。これまでの研究では，集団効力感を高める要因として，リーダーシップが挙げられていますが，今回の事例では，部長と課長は共に職場メンバーを強力なリーダーシップで引っ張るという行動をとっていませんでした。逆にどちらかというと各職場メンバーの自主性に任せ，それをサポートするといった，青学陸上部の原監督のような「横から目線のリーダーシップスタイル」をとっていました。

具体的には，当時Ａ営業部に就任したばかりの部長は，これまでの部門でのマネジメントやセールス方法を押し付けるのではなく，「こういうやり方もあるよ」と助言に徹していました。この点については，職場メンバーも「部長は，『他が数字を上げているのでお前らも……』といった雰囲気でなかったのがよかった」（Ｋさん），「部長は個人個人をフォローしていた」（Ｉさん），といったコメントをしています。

また，職場メンバーが受注した案件や目標数字までの進捗状況などの情報を，部長は積極的に職場メンバーに浸透させることに努めていました。インタビューでも「（部長，課長は）他の月と比べて，数字をよく集めていた。数字が常に職場で飛び交い，目標意識が高かった。末端課員まで部の目標を知っているのか，知らないのかで結果に大きな違いがあったと思う」（Ｎさん），「目標達成に向けて課長がプレイヤーである係長以下にうまく情報を流してくれた。それにより『もう少しで達成できる』と感じたメンバーは多いはず」（部長）と情報が浸透したことの効果を述べています。さらに，事例にもあったように「目標達成しよう」（課長）と職場メンバーを鼓舞する行動も見受けられました。今回のインタビューでは，「言語的説得（チームに能力があると励ましを受ける）」については直接伺うことはできませんでしたが，実際の場面では，課長からやる気を高めるような声をかけられていた可能性が十分に考えられます。

▶図表４－２　Ａ営業部の集団効力感の変化

	12月初旬	12月15日～25日	12月月末
出来事/行動	• 大型案件受注（行動の達成） • 情報交換（個人）	• 日々の条件（行動の達成） • 情報交換（集団内・集団間）	• 通常ではしない行動（行動の達成） • 情報交換（集団内・集団間）
気持ち	• 「達成できるかも」（集団効力感の手応え）	• 「達成できそう」（集団効力感の高まり）	• 「手が届きそう」
その他	• 個人の目標 • 大義ある目標⇔与えられた目標	• 個人目標から部の目標へ→情報のフィードバック • 凝集性の高まり	• 部の目標

助け合う，協力し合う職場風土
横から目線のリーダーシップ
顔の見える集団サイズ

このようなサポート的な行動が功を奏した根底には，部長，課長と職場メンバーとの良好な人間関係があったことが考えられます。特に今回の事例では部長と課長の年齢が近かったせいか，仲がよかったようです。そのため，職場メンバーは常日頃，課長から部長の状況や苦労を聞いていたのではないでしょうか。そのため，職場メンバーは自発的に部長のために目標を達成しようという大義を抱き，集団効力感を高めていったのではないでしょうか。事例をもとに集団効力感の高まりの過程をまとめると，**図表４－２**のようになります。

5. まとめ：職場の集団効力感を向上させるには

最後に，職場のリーダーに向けて，職場の集団効力感を高めるためにどのようなことをすればいいか，意識して採り入れたらよいと考えられることを，下記の４つにまとめました。

5-1　大義ある目標を掲げる

初めにスタート時に職場メンバーが意義をもつ職場目標を掲げることです。仮に上層部から目標が降りてきた場合は，職場メンバーにその目標を達成する意義を説明するか，または職場メンバーと一緒になって意義を見出すことが必要で，どちらにしても自分たちの目標と感じさせることが必要になります。

そこで大事なことは，職場メンバーが心底納得できる目的を掲げることです。そういった目的としては，「勝利する」「１位になる」「緊急対応する」「危機を回避する」といったものから「革命を起こす」「最先端を走る」「社会やクライアントなどに貢献する」など多種多様であり，唯一解は存在しないと考えられます。ただ言えることは，職場メンバーの琴線に響くものを見極め，それを掲げるということがポイントになるということです。

大義のある目標を掲げ，職場メンバーが自分たちの目標と受け入れれば，職場メンバーは結束を強め，目標達成に大きく突き進みます。

5-2　小さな目標を立て，成功体験を積み重ねさせる

今回の事例では，期初にある職場メンバーの大型物件の受注という成功体験があり，その成功体験によって，もしかしたら達成できるかもという効力感が職場メンバーの心の中に生まれました。このように，成功体験は効力感を高めるのに大きな影響を与えます。これをマネジメントに活かすには，冒頭の青学陸上部の事例のように，手が届きそうな小さな目標を設定させ，それを１つずつクリアさせていくという方法を採り入れることです。小さな目標でも目標を達成するという成功体験を積み重ねることで効力感を高めることができます。

5-3　職場のコミュニケーションを促進する

職場のコミュニケーションについては，これまで多くの方策が提言されていますが，今回の２つの事例から得られたことは下記の通りです。

(1) 職場メンバーの成功事例を共有する

今回の事例，青学陸上部の事例ともに，自分たちのメンバーが成功したということを知ることで自分にもできると効力感を感じ，モチベーションを高めていました。このことは，先述した代理体験のように，職場メンバーの効力感を高めるのに有効ですので，職場メンバーの成功事例を報告する機会を意図的に設け，成功経験を共有するといいと思います。また，成功事例は自分たちのメンバーに限りませんので，他部署あるいは社外で参考になりそうな成功事例があるとそれを共有するといいでしょう。万一，成功体験を共有しても効力感がないメンバーがいる場合は，積極的に声かけをし，励まし，フォローするという言語的説得を行い，効力感を高める行動が必要です。

(2) 助け合う，協力し合う関係をつくる

今回の事例では，大型物件の納入の際に協力したり，仲間がミスをして落ち込んでいる時などは飲みに行き，励ましたり，また青学陸上部でも，調子の悪いメンバーに対し，周囲が励ますなど助け合う様子が見られました。このようなメンバーを助けたり，メンバーから助けられたりする関係は連帯感を高め，集団効力感を高めます。また，メンバーからの励ましもこれから頑張ろうと効力感を与えることになります。

このように助け合い，協力し合うという関係が築けるといいですが，現状そうでない場合も多いのではないでしょうか。その原因として，南山大学教授の中村和彦氏は，「仕事の専門化」や「仕事の分業化」などが進んだことを挙げています（中村, 2015）。仕事の専門化とは，仕事内容が高度化し，その仕事を担当する人が固定し続けることで，その人しかその仕事ができなくなるという状況です。仕事の専門化が進むと，その担当者は仕事を依頼しようと思っても，仕事の内容を説明するのに時間がかかるので，無理してでも自分でした方が楽ということで結局は周囲に助けを求めないで対処する傾向が強くなります。また，周囲もその担当者の仕事の内容がよくわからず，何を手伝っていいのかわからないので積極的に支援しにくくなります。仕事の分業化は，個人ごとにす

るべきことを決め，効率的にその仕事を行うという仕事の与え方で，この傾向が強くなると，職場メンバーの中に「自分は自分の仕事だけをする」「他の人の仕事には関与しない」といった気持ちが生まれ，周囲のメンバーに関与しないという仕事のやり方が増えていきます。

このように仕事の専門化や分業化が進む中で，どのように助け合い，協力し合うという職場を作っていけばいいのでしょうか。参考例として２つ挙げます。１つは職場メンバー全員が現在どのような仕事を抱え，どのような状況なのかを出し合い，困っているメンバーがいれば解決策を全員で考えるといった機会を定期的に設けることです。青学陸上部や今回の事例ではすでに助け合い，協力し合うという関係ができていたので，メンバーが困っていることに気づき，声をかけることができましたが，そうでない場合は，メンバー同士が互いの仕事状況を知り，親身になる機会を設けることが第一歩だと思います。

２つ目は今回の事例にあったように，協力し合わなければいけないという状況を作ることです。たとえば，製造現場で行われているQCサークルのような小集団活動を採り入れるのもいいと思います。小集団活動とは，主に品質や生産性，安全性の向上などのために，少人数のグループで期間を決めて行う改善活動のことで，職場活性化の効果も期待できるといわれています。改善テーマとして，職場メンバー共通のものがあればそれをテーマに，共通テーマがなければ，メンバーの誰かが抱える問題をテーマに選び，それをメンバー全員で解決していきます。このような改善活動を通して，職場メンバーの相互交流を深めることで助け合い，協力し合う関係を作ることが期待できます。

5-4　横から目線でメンバーを支援する

最後は，横から目線でメンバーを支援することです。横から目線とは，なでしこジャパンの元監督であった佐々木則夫氏の著書『なでしこ力』から引用した言葉で，立場の上下関係ではなく，同じ目標を目指す仲間という対等な立場でメンバーと接することで，そのような目線でメンバーを支援するということです（佐々木, 2011）。

横から目線が効果的な理由は，１つはリーダーが前面に出すぎると，どうしても上下関係が出て，目標達成が命令と感じてしまうということ，２つ目はチームや職場の目標達成はリーダーの評価と直結するので，リーダーが前面に出すぎるとえてしてリーダーのための目標達成とメンバーに感じさせる可能性があるからです。２つの事例においても，監督や部長が前面に出るより，メンバーと立場の近いサブリーダーのキャプテン，課長が前面に出ていたため，メンバーは自分たちの目標達成と感じ，一体感をもって取り組むことができたのだと思われます。

ドラッカーは，リーダーの役割とは人に指示を与え，人を動かすことではなく，人が自発的に動けるように組織の環境をマネジメントすることであると言っています（Drucker, 1954; 1973）。今回の事例から得られた４つの提言は，人が自発的に動くだけでなく，メンバーに一体感を持たせ，目標達成にまい進する集団効力感のある職場づくりを可能にする行動だと考えています。ぜひ実践して，リーダーの責務を全うしていただければと思います。

アカデミック・コラム

自己効力感と集団効力感の関係

仕事上の問題に直面した時，「自分で何とかできる」と思う人もいれば，「自分一人では難しいかもしれないが，みんなで協力すれば何とかできる」と思う人もいるだろう。前者の信念は，自己効力感と関係しており，後者は集団効力感と関連していると考えられる。

自己効力感（self-efficacy）とは，「結果を生み出すのに必要な行動をうまく遂行できるという確信」（Bandura, 1977 :p.193）の程度である。自己効力感が高い人は，環境を探索し，そこに能動的に働きかける。また，自己効力感は，自己決定（自分で目的およびそれを達成する手段を選択しているという感覚）と並び，仕事の内発的動機づけに影響すると言われている（Deci, 1975)。これまでの研究では，自己効力感は仕事上の成果と高い関連を持つことがわかっている。Stajkovic & Luthans（1998）によるメタ分析（複数の既存研究から平均的な傾向を見出す分析手法）では，両者の間に0.38の相関が見られた。

また，Bandura（1997）は，集団レベルにおける効力感の重要性について指摘している。集団効力感（collective-efficacy）の定義は本文（81頁）を参照されたい。仕事が自分の努力だけではどうすることもできず，仲間との協力が必要な場合，自己効力感に加えて集団効力感が高いことが求められる。Gully et al.（2003）のメタ分析によれば，自己効力感の場合と同じく，集団効力感と集団の成果の間にはポジティブな関係があることがわかっている。

集団効力感と自己効力感の間にも，関連が見出されている。イスラエルの中学と高校教師を対象とした研究では，集団効力感が自己効力感を高めているという結果が得られている（Lev & Koslowsky, 2008)。彼らはまた，自己効力感と集団効力感は相互に影響しあうのではないかと予想している。集団効力感の高い集団に属する人は，自ら成功体験を積み，あるいは成功している人を間近で観察することで自己効力感を高めるだろう。こうして人々の自己効力感が増大すると，人々は同僚の成功や積極的行動を多く観察し，集団効力感を高めていくと考えられる。

第5章

職場の不文律をマネジメントせよ

1. はじめに

1-1 営業現場でよくある話

ある消費財を製造販売するＥ社では，営業部門の力が強く，特に本社営業部門よりも支店などの営業現場が強い時代が長く続いていました。売上を稼ぐのは現場であり，病気などにより営業として十分な売上を上げられなくなった人材を本社スタッフとして転属させていたこともあり，本社は営業マンからしてみれば墓場のようなものと考えられていました。しかし時代は変わり，強い本社（本部）機能をもった外資系企業が台頭し，業績を伸ばしていることが業界全体で認識されるようになりました。外資系の営業は，現場で汗を流して情報を収集するよりはむしろ，きちっとしたマーケティングデータを活用し，本社から現場へアクションプランを徹底させるような手法をとっていました。そして，その方がより効率的であると，業界内に急速に広まっていったのです。

そこでＥ社も，勘，経験，度胸に頼るといういわゆるKKDからの脱却を図るため，これまでのやり方ではいけないという危機感を持ち，やる気のある優秀な営業マンを本社へ招集し，マーケティングデータを駆使したアクションプランの全社的な徹底を図りました。しかし，現場では，「データで何ができるのか，営業は汗をかいて回ることが第一であり，その結果として数字をあげるものだ」という反発や，マーケティングデータは当然100％現実にあてはまるとは限らないため，ある１つのデータが実際と異なっているとすべてのデータを信用しなくなり，「他社に比べて本社はマーケティング力がない」と文句を言い，「地方と都市部ではやり方が違う。本社は現場の状況をきちんと把握していない」などという主張が繰り広げられました。また，営業マンの評価は，ほぼ計画の達成率によって決まっていたため，数字に直結しないようなアクションよりは，自分の得意とする顧客に向かうことが優先されました。そのためプランはアクションへと結びつかずに，営業マンは従来の汗をかいて足を運ぶスタイルを変えませんでした。

そうこうしているうちに外資系企業などにシェアを奪われ，Ｅ社の業績は次第に悪化していきました。Ｅ社では，そうなってから初めて，本社の方針に従わない支店長を更迭するなど，外科的な手術を大胆に行いました。そうするまでは，新しい方針は現場に浸透しなかったからです。このような現象は，Ｅ社に限ったことではないと思います。こうした変化が受け入れられない状況はどのような要因によって引き起こされるのでしょうか。そして，あなたの営業現場でも次のような現象が起こっていないでしょうか。

- 本社からターゲティングを指示されても，それに従わず全方位に足を運ぶ営業マン。
- 本社の指示は現場の事情をわかっていないので，本社からの指示は聞く必要はないという上司。
- 部下の育成や将来への種まきが重要だといっても，目先の利益のためになかなか実行されずに本人任せとなっている，等。

そこには，職場の体質としてしみついている「不文律」があるのかもしれません。

1-2　不文律とは何か

組織には，様々なルールがあります。そのルールの中には，公式に文書にされたもの，たとえば，組織目標や，職務規定，社内の掲示板に掲示しているポスターやホームページなどがあります。一方，公式ではありませんが，多くのメンバーが暗黙のうちに遵守しているルールもあります。前者を成文律，後者を不文律と呼びます。不文律とは，人々が行動の拠り所とする，表には現れないルールのことであり，それは成文律と経営者の言動から発生する自然なルールだとアーサーD.リトル（ADL）社上席副社長兼ADLマネジメント・スクール教授のピーター・スコット＝モーガンは述べています。メンバーの行動に対してより大きな影響を与えているのは不文律です。なぜなら，成文律と違って，不文律は人々の実際の活動や相互作用から自然発生的に生まれてくるルールなので，人々にとって「本当のルール」と見なされ，遵守することが期待されているからです。もしそれを破れば，メンバーシップから外されるなどの制裁を加えられることも珍しくありません。

不文律は，あまりに自然な存在であったため，成文律ほど研究の対象とされてきませんでしたが，職場のほかにも，スポーツチームやコミュニティなどいろいろなところに存在しています。

(1)　職場の不文律

ある病院では，成文律としての職務規則では８時30分に出勤となっていますが，「新卒看護師は８時ごろに出勤するのが当然だ」と考えている先輩看護スタッフが多くいます。新卒看護師は情報収集や仕事の準備に時間が長くかかるため，周りに迷惑がかからないように早めに出勤して準備を行います。このような新卒看護師を見ると「なかなか行き届いている」と感じ，反面新卒看護師なのに８時30分ギリギリに出勤する者がいれば，要領よく準備ができていたとしても「自分の力量を考えた行動ができていない」と見られてしまいます。また，上司が帰るまで退社しないことや，気は進まないけれど，影響力のある社内のグループに属すことなど，暗黙の了解やローカルルールとして不文律が存在します。こういったことは，この病院に限った話ではありません。

(2)　野球の不文律

また，たとえば野球でいうと，「ノーストライク３ボールになったらバットを振ってはいけない」や，「点差が大きく開いている試合で，勝っているチームは盗塁してはいけない」など，どこにも書かれてはいませんが守られている不文律があります。ちなみにインターネット上のフリー百科事典であるウィキペディアには，野球の不文律という項目があり，実にたくさんの不文律が掲載されています[1)]。

⑶ 昇進の不文律

Beeson（2009）によると，ほとんどの組織において，昇進は不文律に基づいて決められています。そして観察を30年間続けた経験から，Cスイート[2)]への昇進を決める不文律は，３つのカテゴリーに分類できるとしています。

- 不可欠要因：これを備えていないと役員クラスへの昇進対象にならないという根本的な要因
- 除外要因：ほかの条件は満たしていても，この特徴のせいで昇進候補から除外されてしまう要因
- コア選抜要因：最終的に昇進を決定づける要因

このモデルはいろいろな会社にあてはまり，そしてこれらをうまく知ることができれば，たゆまぬ努力により昇進が可能となると考えられると主張しています。

⑷ ハッカーの不文律

また，早稲田大学教授の井上達彦氏によれば，インターネット上でリナックスというオペレーティングシステムを作っているハッカーたちにも不文律があり，それが彼らの価値の創造と配分（allocation）を決めています。それは，いずれも当該プロジェクトにかかわるもので，①勝手に分岐させて亜種を作ってはならない，②勝手に変更を加えてはならない，③貢献したメンバーの名前

1）　ウィキペディアHP　http://ja.wikipedia.org/wiki
2）　CEO，CFOなど，経営幹部の意味。頭にCがつくことから，この名で呼ばれている。

を勝手に改ざんしてはならない，というものです。これらの不文律があるからこそ，ハッカーたちは自分自身の貢献が明確になり，ハッカー社会における名声や評判メカニズムがうまく働いて，インターネット上での協働が成り立つといわれています（井上, 2008）。

⑸　神戸のスイーツの不文律

大手前大学准教授の森元伸枝氏によれば，神戸で優秀なパティシエが多く育つのは，しっかりとした徒弟制度が根付いているからだそうです。神戸では，独立開業することを前提に修業するパティシエが多く，洋菓子店もその受け入れに積極的です。独立を目指す職人は成長意欲が高く優秀である反面，新規開業の暁には競争相手が増えることになりますが，「親方と同じものは作らないこと」「開業する場所について了承を得て，世話になった店から離れて出店すること」「弟子が修行のためにお店を代わることを認めること」といった不文律によって，建設的な競争が維持される環境となっています（森元, 2009）。

2. 不文律の分析方法

以上のように，改めて考えてみると，あらゆる場面において不文律が存在することに気が付きます。その不文律を比較的短期間で分析する方法として，前述のスコット＝モーガンは，次のような分析フレームワークを示しました（**図表5-1**）。

①　モティベーター（動機づけ）

何が人々の行動の動機になっているか。“ご褒美”として考えているものは何なのか。また，何を避けたいと思っているのか，何を罰と考えているのか。

②　エネーブラー（動機の実現役）

人々が大事だと思っているものを与える立場にある人は誰か。

③　トリガー（動機実現の引き金）

モティベーターやエネーブラーと密接なつながりを持ち，モティベーターを

▶図表5-1　不文律分析のフレームワーク

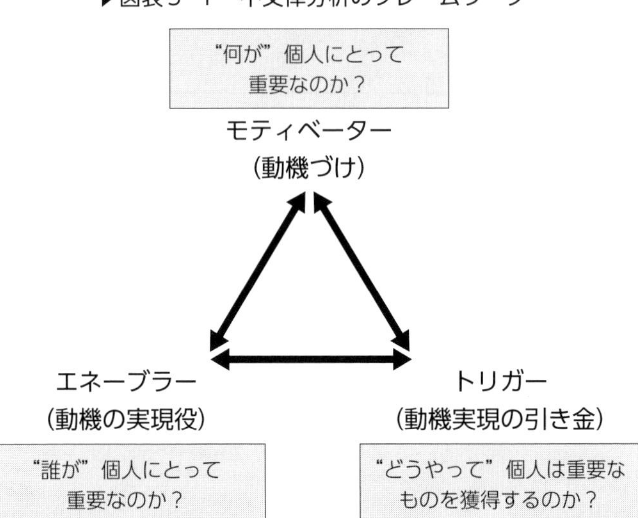

出所：Scott-Morgan（1995）より筆者作成

獲得するための条件は何か。

このアプローチにしたがって，前述の神戸のパティシエの不文律分析を行ってみると，以下の通りとなります。まず，パティシエのモティベーターとして，「独立開業したい」があると思われます。このモティベーターを満たしてくれる重要人物，すなわちエネーブラーはパティシエの「親方」でしょう。そのためのトリガーは，「親方とは競合しない」になります。

このように，何が褒美で，誰がそれを与えてくれ，どのようにしたらそれがもらえるかという3つ，モティベーター，エネーブラー，トリガーががっちりしたトライアングルを形成しているため，不文律は安定的に存在するのです。

この不文律を無視すると，重大な悪影響を発生させることになります。具体的にいうと，神戸のパティシエの事例では，出店を許していたのは親方でしたが，近年，不動産屋が見習いのパティシエに対し，「よい物件がある，資金面でも協力する」と言って出店を促すことにより，不動産屋が親方にかわってエネーブラーとなるケースがでてきました。結果として，未熟な職人が出店してしまい，洋菓子の味を落としたり，価格競争に走ったりと神戸のスイーツ業界で建設的な競争の維持ができなくなるような弊害も起こってきているようです（森元, 2009）。

また，プレジデント[3)] でも紹介されていますが，現場に仕事のやりがいを持たせてうまく回る時代から，経営者がビジョンと戦略を明確に示さないと生き残れない時代に入っています。時代がボトムアップ型からトップダウン型に変わってきたことにより，不文律が障害となるケースが増えているのです。なぜなら，トップのビジョンや戦略の多くは現場の不文律を踏まえているわけではないためです。例えば，経営トップが女性を積極的に抜擢せよといっても，組織内に「女性は課長止まり」という不文律が存在すると，経営と現場の意識ギャップが大きくなるといった障害が起こっています。

このように，不文律を明らかにし，その影響を理解したうえで変革を進めなければ，隠れた対立を引き起こしてしまいます。

3. 不文律を変えるマネジメント

3-1　不文律マネジメントとは

これまでの戦略や方針を転換する場合，それに合わせて成文律を変えてみても，結果としてそれが失敗に終わることはよく耳にする話です。これまで見たように，それはわれわれの属する組織は成文律だけでなく，不文律によってもコントロールされているためです。その中でも目に見えにくい不文律を知り，分析し，活用することで，組織を良い方向に牽引することが可能になってくるといえます。これが，不文律マネジメントです。

3）「組織の不文律を壊せば会社が変わる」『PRESIDENT』2013年４月29日号，88-90頁

3-2　不文律マネジメントの実際１：ある病院の中央手術室の事例

ここからは，実際に不文律の分析を行い，うまく改革につながった事例を紹介します。ある病院の中央手術室と集中治療室における看護師の不文律を調査し，その不文律がどのように行動に影響しているのかを考察することで，経営戦略に沿った組織文化の醸成の一助となった２つのケースです。

１つ目のケースで取り上げるのは，580床を有する都市型の急性期病院の中央手術室です。病院の収益性を改善するためには，手術室の改革が必要です。たとえば，手術で使う器具の標準化はコスト削減につながるし，手術時間の短縮はより多くの手術の受け入れや手術室の回転率の向上だけでなく，術後の患者の体力回復を早期化させることにもつながります。こうした改革のためには手術室勤務の看護師の協力がどうしても必要でした。しかし，病院の中でも手術室の看護師のモチベーションがなぜか低く，改革に対して消極的になっているという問題がありました。

そこで，中央手術室に勤務する看護師熟練スタッフに対して自由記述式のアンケート調査を実施しました。そして必要に応じて面接調査と参加観察を併用しました。アンケートの内容は，中央手術室という組織において，「１．暗黙の了解になっているきまりの中で，良い影響を与えると思うことは何ですか？」と，逆に「２．暗黙の了解になっているきまりの中で，悪い影響を与えると思うことは何ですか？」としました。対象の中央手術室に勤務する熟練スタッフとは，手術室経験８年以上の女性９名，男性１名で，主任・副師長の職務にある者としています。不文律分析手法は，スコット＝モーガン（1994）を参考にしました[4)]。

4)　倫理的な配慮として，アンケート実施時，対象者には，結果については①研究以外の目的に使用しない，②個人の結果は公表しない，③人事考査には関与しないことを書面および口頭にて説明し，調査協力の得られた者のみを調査対象とした。

▶図表5-2　改革前の不文律分析結果①

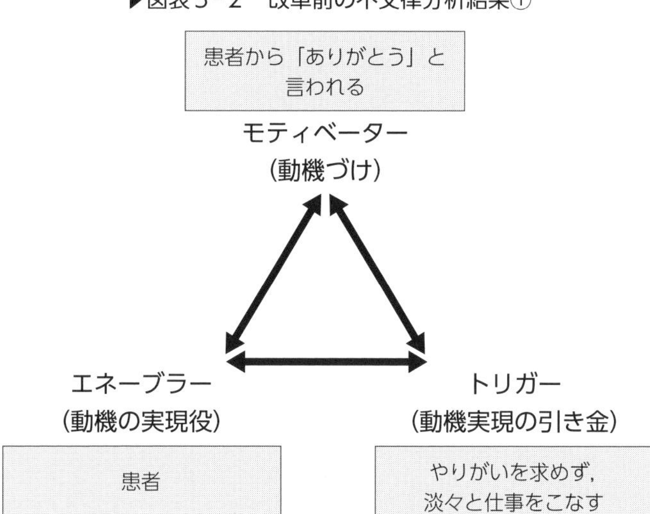

(1)　改革前の不文律分析結果①

不文律マネジメントの改革を行う以前の分析の結果としては，モティベーターが「患者からありがとうと言われる」ということ，そしてエネーブラーは「患者」でした。この場合のトリガーは，「麻酔によって寝ている患者からの得られないフィードバックを求め続けること」になります。このようにエネーブラーが患者である場合は，高いモチベーションを手術室で感じることは滅多にないことがわかりました。そのため，業務的に「淡々と仕事をこなす」というトリガーとなっていたようです（**図表5-2**）。したがって，手術室は，看護師にとっては「やりがいの感じられない職場」であるため，「手術室改革に対しては積極的に協力しない」という不文律が形成されていたと考えられます。

筆者らは，不文律マネジメント改革のポイントとして，患者からのフィードバックではなく，「手術が安全に終了する」「手術が早く終了する」など，手術室の機能に合ったモティベーターに変えることが重要だと考えました。これにより手術看護の専門性を認識でき，経営目標に沿った組織構造に変容できると思いました。

モティベーターを変容させるためには，患者は何を求めて手術室に来るのか，どのような結果を望んでいるのかを考えさせ，手術室看護師の専門性と手術室の役割をしっかり認識させることが必要です。そうすることで，トリガーが「手術を早く終わらせる」や「手術を待っている患者のために，できるだけ多くの手術をしなければならない」というように不文律を変化させることが可能となります。

⑵　改革前の不文律分析結果②

「改革には積極的に協力しない」不文律を支える構造として，エネーブラーが周りに対する不満，特に上司に対しての不満を抱えており，仕事を楽にすることしか考えていない「特定の組織にとって好ましくない行動をとる先輩看護師」の存在も見られました。この好ましくない行動をとる看護師は，上司である師長や副師長の前では目立つ行動は避けていますが，上司の見えないところで反抗的な態度をとったり，自分に従わないスタッフに対して，冷たく対応したりしていたため，スタッフはこの先輩看護師に「嫌われたくない」や「冷たくされたくない」との思いを抱いていました。したがって，モティベーターは「先輩に気に入られる」というものであり，トリガーは「その先輩に気に入られる行動をする」となっていました。そのため，「上司に対して反発する」「グループ以外の看護師に対して排他的な振る舞いをする」「仕事を一生懸命しない」などの，改革の障害となる不文律が生まれていると考えられました（**図表5-3**）。

このような場合は，エネーブラーに直接関わることが重要です。具体的には，エネーブラーである特定の先輩看護師の意識変革が必要で，彼女たちの考え方を組織の目標に沿ったものに変えることが重要になってきます。その場合，管理者が確固とした経営目標のビジョンを持った上で彼女たちの意見を，面接などを通じて確認し，お互いに協力していけるような関係に近づけていくことが必要となります。特にリーダー的な役割の者にアプローチすることが効果的で

▶図表5－3　改革前の不文律分析結果②

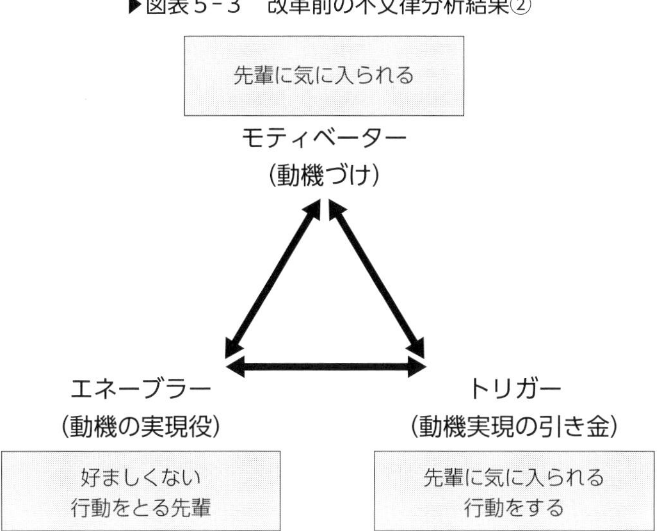

す。

また，自分たちのグループ以外への，排他的で厳しすぎる対応などに関しては，直接，それを受けたスタッフたちの思いや，スタッフたちがどう感じているのかを赤裸々に伝え，どのような対応が望ましいのか指導し，組織人として，看護師として，人として成長できるように支援していくことが必要です。これらの支援が成功すれば，エネーブラーの意識が経営目標に沿ったものに変容し，モティベーターは「プロフェッショナルとしての手術室看護師としてどのように評価されているのか」に近づいていきます。

(3)　不文律マネジメント改革のプロセス

上記の不文律の分析結果を受けて，次に協力者である副師長や主任とともに，不文律マネジメントを実践しました。

具体的にはスタッフへの言葉の使い方の指導として，緊急手術の依頼があったとき，「今，目の前の患者や家族が苦しんでいるのに，あなたたちはそれを嫌がることができるのか？」という問いかけとともに，忙しくて嫌だと思っても，「ありがとうございます，喜んで！」と言いなさい，という具合です。特に，中堅看護師以上に言葉や行動の修正が徹底されました。

そして快く緊急手術の担当を引き受ける部下に対しては，上司がタイムリーに褒めるようにしました。このように組織の目標に沿った行動ができるように，１つひとつの言葉や行動を修正し続け，ネガティブ発言をポジティブ発言に変容していくことが，とても有用です。そうすることで不文律をコントロールすることができ，組織の目標に沿った組織文化に近づいていきます。

以上のような不文律マネジメントを行ったのち，しばらく期間をおいて再度不文律分析を行ったところ，次のような結果となりました。

行動の参加観察結果として，「緊急手術の依頼があったときは『喜んで！』と返答する」「重症の緊急手術に担当をお願いされたら，『了解！』と笑顔で返答する」「開腹の緊急手術には自ら担当したいとの申し出が多い」「スタッフより手術件数を増やすための様々な提案がある」「チーム活動を自律的に行う」「余計な休憩を自ら少なくして，手術の受け入れをスムーズにする」というポジティブな行動が見られるようになりました。

一方で，「過剰に準備する文化（次の人が困らないように，事前に必要物品などを準備するが，その程度が過剰という意味）になっているため，スタッフによってその度合いの違い（人によって準備する程度が違うため）から，“配慮のなさ”による諍いがおこる」「自己犠牲が美しいとされている」「努力していることのアピールがうまい場合は信頼されている」「逆にアピールが苦手な場合，仲間に入りにくい」というネガティブな行動もみられました。

それらの行動から抽出された不文律は，「自発的で専門的な援助をしなければならない」「常に考え行動しなければならない」「可能なかぎりNoとは言わない」「先読みをしなければならない」「緊急手術は快く受けなければならない」の５つでした。

以上の結果を分析のフレームワークにあてはめると，モティベーターは「プロフェッショナルな手術室看護師としての評価」であり，エネーブラーは，

「医師や先輩看護師」でした。そしてそのトリガーは，「医師・先輩看護師からプロとして評価される行動をする」でした。それらは手術室において，**図表５-４**のように組織の中で安定的な関係にあることがわかりました。

これらのトリガーを実現することにより，エネーブラーである医師や先輩看護師を通じ，モティベーターとしてのプロフェッショナルな手術室看護師としての評価を得たいがために，前述の不文律が生まれていたことがわかりました。

この不文律は，さらに多くの行動を生み出し定着させていきました。具体的には，手術室看護師が熟練すれば当たり前の行動かもしれませんが，「術野の状況に応じて持針器の針の角度を変えて把持する」「電気メスなどの先端を掃除する」や，「医師が快適に手術ができるように，部屋の温度を好みに応じて調整する」といった〔手術進行をスムーズにする行動〕が定着しました。また〔助け合い行動〕として，「勤務時間内に空いている時間があれば，自主的に忙しそうな手術室の手伝いにいく」や「時間外に手術が残ることが多いため，急な残業も快く引き受けてくれるスタッフが多い」という行動などが観察されました。それらは，手術室看護師という専門性に裏付けられた，手術医療の質向

▶図表５-４　改革後の不文律分析結果

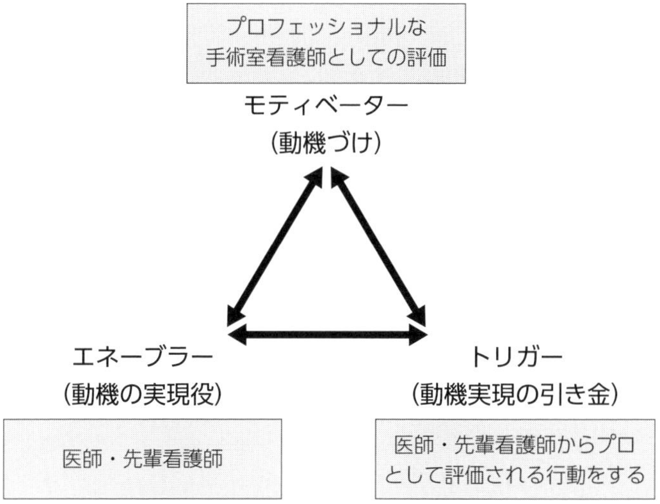

上を目指すものでした。

そして「業務をスムーズに進行させ，突発的な出来事にも対応できるように常に万全の準備を行う」，後輩の教育に関しても，「新人が聞いてきたら時間外でも指導を行う」といった行動が観察され，「どんな時でも嫌な顔をせずに指導する」という行動が根付いてきていました。さらにその結果，若い看護師も「喜んで！」と緊急手術を受け入れるようになり，「どんなことをしても緊急手術は快く受けなければならない」や「手術の受け入れを積極的にしなければならない」という行動が見て取れるようになりました。

⑷ まとめ

このように，良い不文律を醸成するためには，エネーブラーとなる先輩看護師全員が組織目標を理解して行動できるか否かにかかっています。そのためには，影響力のある先輩看護師のモティベーターを組織目標に則ったモティベーターに変容させ，コントロールすることが重要です。

また，手術室では通常，麻酔によって眠っている患者に対するケアが大部分となります。そのため，エネーブラーを患者ではなく，手術室で共に働く他の医療者に移すことが重要です。それらエネーブラーとなる医師または看護師を，経営目標に合った考え方に統一することで，手術医療の質向上，業務のスムーズな進行，手術の積極的な受け入れなど，組織の経営戦略に沿った行動ができるように，言葉と行動をマネジメントしていくことが，“不文律マネジメント”となり，よりよい組織文化へとつながることが明らかになりました。

3-3　不文律マネジメントの実際 2：ある病院の循環器集中治療室の事例

2つ目のケースで取り上げるのは，前述の中央手術室のケースと同じ急性期病院にある，循環器集中治療室です。このセクションの問題は，「離職率の高さ」でした。

このケースでは，循環器集中治療室に勤務する熟練スタッフに対して自由記述式アンケート調査，面接調査および参加観察を併用しました。アンケート内容は，改革前後で，誰に認められたいと思いましたか（動機の実現役；エネーブラー），認められるための理由はなんですか（動機づけ；モティベーター），そのためにどのようなことをしましたか（動機実現の引き金；トリガー）という３つの要素についてでした。対象は，循環器集中治療室に勤務する熟練スタッフ（循環器集中治療室経験８年以上）女性10名で，副師長や主任の職務にある者としました。

(1)　改革前の不文律分析結果

不文律マネジメント改革を行う前の分析結果としては，モティベーターが「循環器集中治療室看護師としての高い評価」「患者の病状が改善すること」「上司に認めてもらいたい」で，エネーブラーが「上司，スタッフ，患者，家族」でした。この場合のトリガーは，「日々の仕事を頑張る」で，改革前後で同様の結果でしたが，改革前はその他に「上司がマイナス面を指摘するのをよしとしていたので，部下に対してもそうしていた」「上司に気を遣いながら仕事をしていた」がありました。

これは，熟練スタッフがエネーブラーの上司の言動に対して敏感で，上司がスタッフに対してマイナス面を指摘することが多く，そのことに同調し，同じような態度をとることが，上司から認められることにつながると認識していることが要因だと考えられました。さらにその上司が自分に対してマイナスな評価をしないかどうかが気になり，常に機嫌をとりながら，気を遣いながら看護していたことがうかがえます。その精神的な圧迫感が高離職率に影響していたことが考えられました（**図表5-5**）。

(2)　不文律マネジメント改革のプロセス

今回のポイントは，トリガーの改革でした。部下のマイナス面を指摘したり，上司の機嫌をうかがう行動がスタッフの動機実現につながらないように促し，より建設的な行動がエネーブラーに認められることを伝えることが必要だと思われました。

▶図表5-5　改革前の不文律分析結果

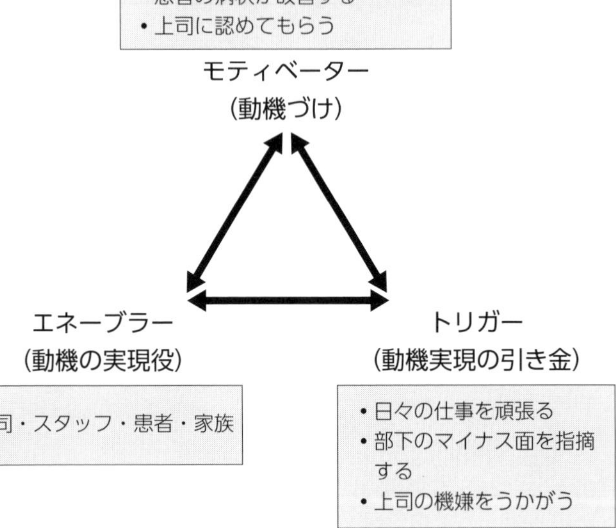

そこで，不文律マネジメント改革では，個々のスタッフへの面接を通し，長所を伸ばすような関わりを積極的に行い，「働き甲斐のある病棟づくりのためには，師長や副師長といった管理職だけが努力するのではなく，個々のスタッフが，それぞれのできる範囲で取り組んでいく必要があることを指導した上で，あなたは病棟のために何ができますか？」と問いかけました。スタッフからは，「笑顔でいることです」「チームワークをよくすることです」などの意見を引き出せるように仕向け，日々のスタッフの言動の中で病棟を明るくするようなよい言動が見られたら，その言動を強化すべく，スタッフの前で称賛していきました。

一方問題のある上司や先輩に対しては，マイナス言動が見られた場合，わざと皆の前で指摘するなどして，このようなマイナス言動は，上司から見て評価が低くなることを認識させ，プラスの言動に変容できるように指導していきました。

(3)　改革後の不文律分析結果

不文律マネジメント改革を行った後の不文律分析の結果は，モティベーターが「循環器集中治療室看護師としての高い評価」「患者の病状が改善すること」「上司に認めてもらう」に「病棟の雰囲気をよくする」が加わっていました。エネーブラーは改革前と同じく「スタッフ，上司，患者，家族」ですが，改革後に「上司」と答えた看護師が若干少なくなっていました。この場合のトリガーは，改革前の「日々の仕事を頑張る」に加えて改革後は「スタッフとできるだけコミュニケーションをとる」「プラス面を見つけ伝える」「課題への取り組み」「自分にできることを探す」でした（**図表５-６**）。

改革後の不文律では，ベテランスタッフは，「お互いにプラス面を見つけ伝え合う」ことや，「コミュニケーションを積極的に図る」ことが，職場の雰囲気づくりに役立つことになると認識でき，さらにやりがいを向上させるために，「自分にできることを探し，課題に取り組む」などの，ポジティブ行動をとることがみられました。そうすることで自分たちがしたい看護をじっくりできる環境を作り，看護師の定着にも寄与できることが認識できたと思われました。問題の離職率に関しては，改革前31.6%でしたが，変革後は7.1%まで低下しました。

4. 不文律マネジメントのまとめ

不文律マネジメントは，不文律の３つの要因およびその相互作用を明らかにし，そこに働きかけることによって組織をよりよい方向へと導こうとする方法です。この方法は，従来の方法に比較すると，よりメンバーの抵抗が少なく，日常の行動の中で行うことが可能であると考えられます。今回の２つの事例では，それぞれモティベーターを変える，エネーブラーを教育する，トリガーを変えるという３つのアプローチを紹介しました。不文律の構造を分析すること

▶図表5-6　改革後の不文律分析結果

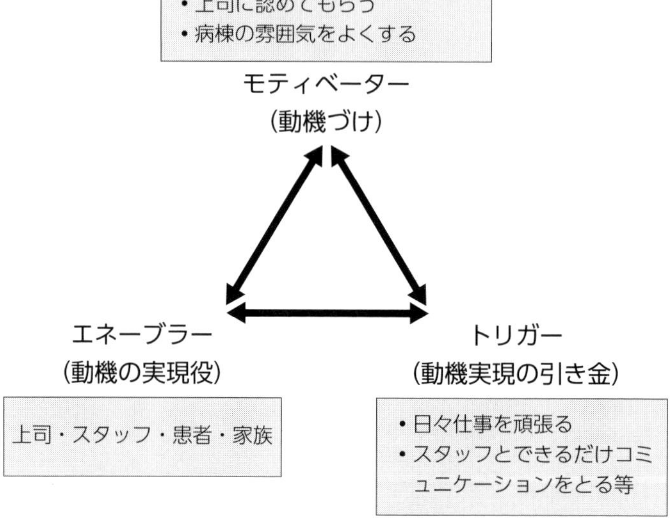

で，不文律が組織にどのような影響を及ぼしているのかが明らかになりました。その結果，改革すべきポイントが明らかになり，有効なアプローチをとることができたと思います。

中央手術室における不文律は，マネジメントの結果，手術の質の向上にむけて努力をし，多くの手術を受け入れるために協働するものになりました。また，循環器集中治療室における不文律は，マネジメントの結果，ポジティブ言動が増加し，循環器集中治療室看護師としての専門性を磨くために日々仕事を頑張るというものになり，離職率が低下しました。

このようによい文化を醸成するためには，不文律の構造を把握し，日々スタッフの言動に注意を払い，組織目標に沿った言動はその場で賞賛し，組織目標に沿わない場合には，その場で言動修正を行うという，一見当たり前ではありますが，適切な“不文律マネジメント”が重要であるということが示唆されました。

神戸大学名誉教授の金井壽宏氏も，組織には管理システムや組織構造などよりもっとソフトで微妙ですが，組織で働く人々の行動や発想に影響を与えるものとして，組織文化に注目し，組織文化の考え方の１つとして不文律分析を紹介していますので，参考にしてみてください[5)]。

今回は，医療現場という特殊な職場についての事例でしたが，このような特殊な職場においてもうまくいくことが理解していただけたのではないでしょうか。みなさんの職場でもぜひ不文律マネジメントを行ってみていただきたいと思います。ただし，不文律は正しいとか正しくないとか判断されるべきものではないので慎重に分析して，適切に判断することが重要です。

5)　金井（1999）

第6章

ダイバーシティ・マネジメント：個々人の能力を最大限引き出すために

1. はじめに

近年，社会情勢の変化とともに企業の経営環境は劇的に変化し，日本企業は様々な問題に直面しています。たとえば，少子高齢化による労働力人口の減少，グローバル化による地球規模での経済活動や企業経営の相互依存の促進，労働者や消費者の意識や価値観の多様化などです。このような劇的に変化する経営環境のもと，日本企業において「ダイバーシティ」ならびに「ダイバーシティ・マネジメント」への関心が高まっています。

ダイバーシティとは，「多様性」を意味しており，ダイバーシティ・マネジメントは労働者個々人の多様性を企業経営に活かすということを意味しています。現在の日本企業におけるダイバーシティ・マネジメントは，女性の活用にのみ焦点が当てられているように感じられるかもしれませんが，本来のダイバーシティ・マネジメントは性別だけでなく，異なる人種，年齢，国籍，障害の有無，性的志向，生活環境，宗教，価値観，性格，雇用形態などの労働者が混在し，これらの労働者たちの多様性を活かして企業経営に役立てることを意図しています。

しかしながら，職場内に多様な労働者が混在するということは，多様な考え方を持つ労働者同士が協働するということであり，当然のことながら軋轢や対立などが発生しやすくなってきます。その結果，企業経営に悪影響を及ぼす可能性もあり，これらをマネジメントすることは非常に難しいと考えられます。

これがダイバーシティ・マネジメントの問題点の１つであり，本書を手に取られた読者の皆さまの悩みでもあるように筆者は感じています。このような問題を解決するためにはどうすれば良いのかという疑問に対して，１つの可能性を提示できればと考えています。したがって，本章の目的は，ダイバーシティのメリットを際立たせ，デメリットを最小にするような，企業経営において効果的なダイバーシティ・マネジメントの可能性を提示することとします。

本章では，まず，近年ダイバーシティが注目されてきた背景およびダイバーシティが意味するものについて説明します。次に，ダイバーシティとパフォーマンスの関係やダイバーシティのメリットとデメリットを提示し，その上でダイバーシティ・マネジメントとは何か，企業経営にとって効果的なダイバーシティ・マネジメントとはどのようなマネジメントなのかについて考えていきたいと思います。

2. ダイバーシティが注目される背景

2-1　労働力不足への対応

わが国において，近年ダイバーシティが着目されてきた理由は，大きく分けて２つあると考えられます。１つは，労働力不足への対応です。2019年４月１日より，働き方改革関連法の一部が施行され，現在，働き方改革への取り組みは，多くの企業にとって重要な経営課題の１つとなっています。働き方改革の背景には，日本が直面している少子高齢化に伴う生産年齢人口の減少があります。

生産年齢人口とは，労働力の主力となる15〜64歳の人口のことで，国立社会保障・人口問題研究所の調べによると，生産年齢人口（15〜64歳）は戦後一貫して増加を続け，1995年国勢調査での8,726万人をピークに，その後減少局面に入り，2013年は8,000万人，将来的には2027年では7,000万人，2051年では5,000万人を割り，2060年には4,418万人と急激に低下すると見込まれています

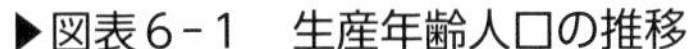
▶図表6-1　生産年齢人口の推移

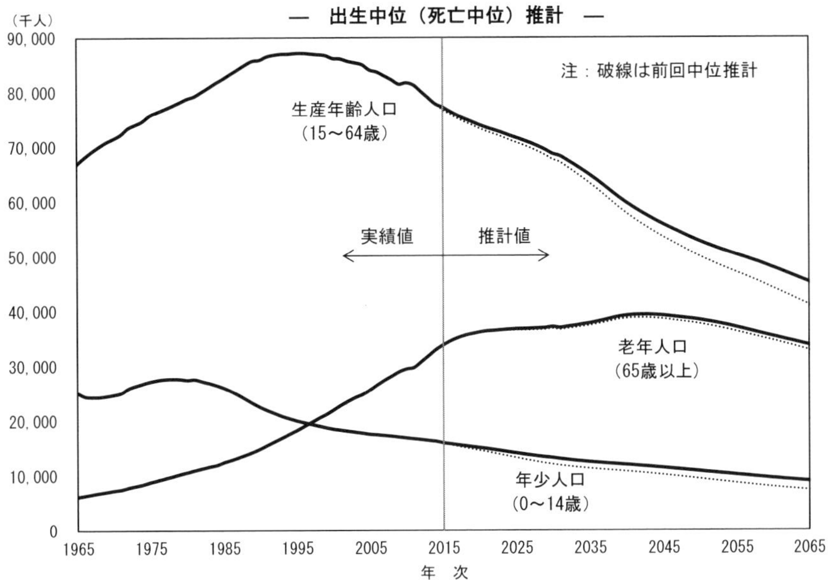

出所：国立社会保障・人口問題研究所（2017）22頁

（図表6-1）。

このままでは，国全体の生産力低下，国力の低下は避けられないとして，内閣が本格的に働き方改革に乗り出し，労働力不足解消を目指しており，その対応策の１つとして，働き手を増やすことが試みられています。具体的には労働市場に参加していない女性や高齢者，または外国人労働者の受け入れ等が，構造的課題を脱却する上で企業として必要な施策となってきています。

このような流れを受け，従来の日本人の20代から60代までの男性だけでなく，女性や高齢者，外国人等の多様な人材を受け入れ，能力の発揮をさせようというダイバーシティの考え方が，現在多くの企業の組織作りや人材育成において，主要なテーマとなっています。最近では，育児や介護などで時間を制約して働かざるを得ない人に対する環境整備は，以前に比べて進んできていると言えるでしょう。ただし，外国人に対してはまだまだ環境が整っているとは言えない状況です。

各企業の外国人人材に対する取り組みについて，令和２年10月末における届出状況をみると，外国人労働者は，1,724,328人で，平成19年に届出が義務化されて以来，過去最高を更新しています。同時期の日本の就業者は6,694万人（総務省統計局『労働力調査』）ですので，外国人労働者は2.57％を占めることになります。国籍別では，前年まで最も多かった中国に代わり，ベトナムが最も多くなり，外国人労働者の25.7％，次いで中国24.3％，フィリピン10.7％となっています。在留資格別では，「専門的・技術的分野の在留資格」の労働者数が359,520人で，前年比30,486人（9.3％）の増加，また「技能実習」は402,356人で，前年比18,378人（4.8％）の増加と，いずれも増加傾向であることがわかります（**図表６-２**）。

政府は2019年，深刻な人手不足に対応するため出入国管理法を改正しました。４月から一定の技能や日本語能力を条件に外国人の就労を可能にする新たな在留資格「特定技能１号・２号」が設けられました。単純労働での受け入れは，事実上初めてです。この法改正により，介護，農業など14業種で外国人労働者の受け入れを拡大する見通しです。しかし，受け入れが多くなったとしても，優秀な人材を確保し，生かさないことには競争優位性を築けないため，企業としても単なる受け入れだけでない体制の整備が必要となってきます。

2-2　市場の多様化

２つ目の理由は，市場の多様化です。少子高齢化や女性の社会進出，さらにはインバウンドの増加に伴い，わが国の市場も多様化の程度を増していると言えます。一方，企業活動のグローバル化は，海外の顧客や取引先との関係構築を不可避のものにしています。このような多様化に対応するために，多様な価値観を開発やマーケティングにこれまで以上に反映させる必要が出てきています。

例を挙げると，近年では女性の目線を生かした製品開発によって成功した製品も出てきています。たとえばキリンビールのノンアルコールビール「キリン

▶図表６-２　わが国の外国人労働者数（令和２年）

外国人労働者の状況

外国人労働者数は1,724,328人。前年比で65,524人（4.0%）増加し，過去最高を更新した。

○国籍別の状況
労働者数が多い上位３か国
- ・ベトナム443,998人（全体の25.7%）〔前年401,326人〕
- ・中国419,431人（同24.3%）〔同418,327人〕
- ・フィリピン184,750人（同10.7%）〔同179,685人〕

○在留資格別の状況
増加率が高い上位３資格
- ・特定活動45,565人［前年比10.9%増］〔前年41,075人〕
- ・専門的・技術的分野の在留資格359,520人［同9.3%増］〔同329,034人〕
- ・技能実習402,356人［同4,8%増］〔同383,978人〕
- ・平成31年４月に創設された「特定技能」の労働者数は7,262人。

出所：厚生労働省「外国人雇用状況」の届出状況【概要版】（令和２年10月末現在）から一部抜粋

フリー」は，授乳中の女性でもビールを楽しめるよう，アルコール度数を完全に０％にしたビールです。また，パナソニックの女性開発チームが開発した「ナノケアスチーマー」は，就寝中に枕元に置いて利用できるというコンセプトのスキンケア製品です。このコンセプトが，忙しい女性のニーズに適合して成功を収めているようです。このように，ともすればコモディティ化して差別化の難しい食品や家庭電化製品でも，新たな視点を生かすことで差別化に成功している事例が見られます。

海外の市場開拓においても，ダイバーシティが生かされている例があります。たとえば，インスタント食品メーカーのエースコックのベトナム現地法人（エースコック・ベトナム）では，微妙な味の開発や調整は，ベトナム人スタッフの仕事となっているそうです。ベトナムでは地域によって味の嗜好が違うため，地域ごとに味を変える必要があります。しかし，どんな味がよいかは日本人にはわかりにくく，現地スタッフの舌が頼りだそうです。これらの事例が示唆するように，内外の市場において，ダイバーシティは，新たな差別化を生み出す源泉としても期待されています。

3. ダイバーシティとは何か

坂東（2014）によると，ダイバーシティはアメリカで発祥し発展してきた概念です。アメリカにおけるダイバーシティは，1960年代の公民権運動や女性運動をきっかけとして発展してきました。有村（1999）によると，当初は黒人や女性などのマイノリティに対する格差や差別是正のために制定された雇用機会均等法を遵守することが，ダイバーシティの主な目的だったそうです。その後，黒人や女性などのマイノリティは白人男性への同化を求められますが，適応することができずに離職するという事例もしばしば見受けられるようになってしまいました。これを防止するために，個々人が持つ多様性そのものに価値を見出し，理解し尊重すべきものとして認識することがダイバーシティの目的となりました。そして，現在はマイノリティの持つ多様な背景が企業の競争力獲得の手段とされるようになり，経営成果を得るために戦略的にダイバーシティを活用し始めています。

日本では，本章の冒頭で述べたように，少子高齢化による労働力人口の減少，グローバル化による地球規模での経済活動や企業経営の相互依存の促進，労働者や消費者の意識や価値観の多様化などを背景として1990年代から注目され始め，最近は企業経営のためにダイバーシティが推進されています。谷口（2005）によると，当初は「ダイバーシティ＝女性労働者」でしたが，その後ダイバーシティの対象は女性だけでなく，高齢者，外国人，障がい者などへと広がっていきました。最近では，雇用形態や勤務形態の多様性もダイバーシティとして扱われているようです。

では，ダイバーシティとはいったいいかなるものでしょうか。一般的な辞書によると，ダイバーシティとは，「多様性，相違点」という意味が記されています。ダイバーシティの伝統的な定義としては，米国雇用機会均等委員会の「ジェンダー，人種・民族，年齢における違いのこと」がありますが，その他にもダイバーシティは様々な定義がなされています。たとえば，Ely & Thomas（2001：p.230）は，「2人以上の個人からなるグループの特徴であり，典型的に1つの種類またはその他の人口統計的相違を意味するもの」，Jackson, Aparma & Nicolas（2003：p.802）は，「ワークユニットの中で相互関係を持つメンバー間に存在する個人的な属性の配置の状態」と定義しています。また，谷口（2009：19頁）は，「ダイバーシティとは，個人の持つあらゆる属性の次元である」と述べています。

ダイバーシティを分類する試みも，いくつかなされています。Loden（1996）は，ダイバーシティを第1次元と第2次元の2次元に分類しています（**図表6-3**）。第1次元は年齢，ジェンダー，心理的・身体的能力と特性，人種，民族の伝統が含まれます。第2次元は軍事経験，仕事経験，所得，宗教，第1言語，組織における役割と地位，コミュニケーションスタイル，家族状況，働き方，教育，地理的な位置が含まれます。

最近ではIshikawa（2014）が，ダイバーシティを「表層的-深層的」の縦軸と「関係指向-タスク指向」の横軸とした4次元に分類しています（**図表6-4**）。表層的で関係指向のダイバーシティでは年齢，性別，人種，国籍が含まれ，表層的でタスク指向のダイバーシティでは教育や雇用の形態が含まれます。深層的で関係指向のダイバーシティは価値観，性格，信念が含まれ，深層的でタスク指向のダイバーシティは仕事の態度や能力が含まれます。Ishikawa（2014）は，これらのダイバーシティのうち，価値観や性格，仕事の態度などが含まれる深層的ダイバーシティは時間とともに変化し，本人と周囲の人間では受け取り方が異なるものと述べています。

ダイバーシティは，ここで提示したもの以外にも様々な定義や分類がなされています。世の中の実務家や研究者の数だけ存在するといって過言ではないで

▶図表6－3　Lodenによるダイバーシティの２分類

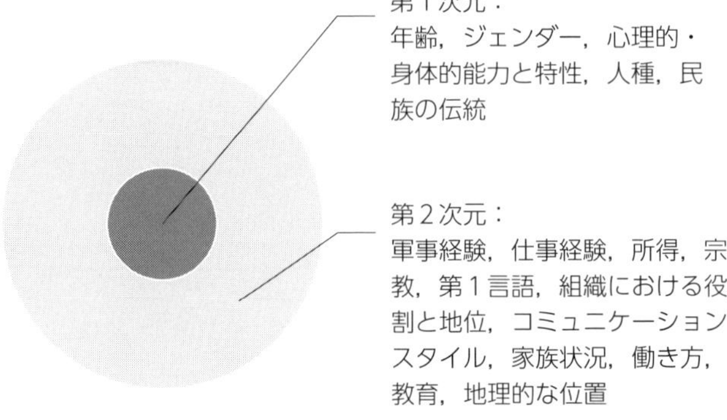

出所：Loden（1996）p.16を基に筆者作成

▶図表6－4　Ishikawaによるダイバーシティの４分類

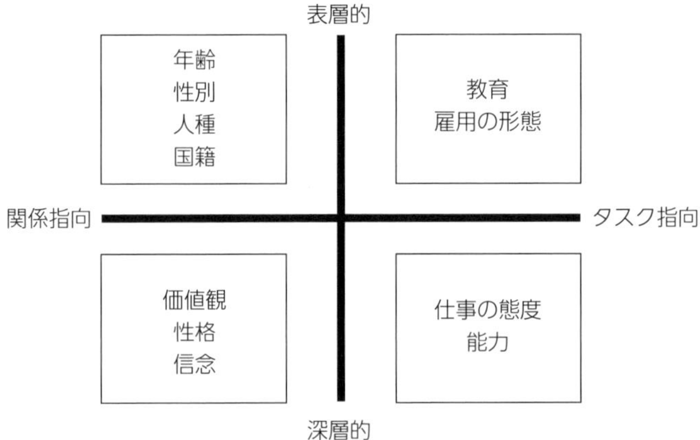

出所：Ishikawa（2014）p.12を基に筆者作成

しょう。しかし，伝統的な定義から近年の定義までを概観すると，性別や人種といった目に見えやすい違いだけでなく，経験や価値観といった目に見えにくく，しかも変化するような要素までがダイバーシティの視野に含まれるようになってきていることがわかります。そこで，本章ではダイバーシティを「組織における性別，人種，年齢，職業，考え方などの多様性」と定義して進めていきたいと思います。

4. ダイバーシティのメリットとデメリット

4-1　ダイバーシティのメリット

ここからは，企業経営におけるダイバーシティのメリットとデメリットについて述べたいと思います。ダイバーシティのメリットとして谷口（2005）は，選択肢と視点の増加，重要な情報を見出す機会の増加，適切な解決が提案される可能性の増加，イノベーションの増加，外部ネットワークの増加，論拠の質の向上，離職率の低下，良好な人間関係の構築，顧客ニーズの理解の促進，監督者のフラストレーションの低減，品質の向上，問題解決能力の向上，独創性の向上などを挙げています。これらは情報・意思決定理論に則っています。

多様な人材が混在する組織ということは，その組織は異質性が高いと言えそうです。異質性が高いということは，多様な人材の様々な経歴，個性，能力などを発揮し，その結果，変化の激しい経営環境に柔軟に対応することが可能となるのではないかと考えられています。たとえば，多様な人種が集まっているシリコンバレーでは，世界中が驚嘆するようなクリエイティブな製品やサービスが次々と生み出されています。

4-2　ダイバーシティのデメリット

一方，ダイバーシティのデメリットとして同じく谷口（2005）は，離職率の上昇，欠勤率の増加，不満足度の増加，問題解決の困難さ，合意の難しさ，組織へのコミットメントの減少，曖昧さの増加，ミスコミュニケーション，コンフリクトの発生，派閥争いなどを挙げています。また，本章の冒頭で述べたように，多様な考え方を持つ労働者が職場内に混在すると，軋轢や対立などが発生しやすくなり，企業経営に悪影響を及ぼす可能性もあります。これらはソーシャル・カテゴリー理論と類似性アトラクション理論に則っています。

ソーシャル・カテゴリー理論とは，人という存在は自己や他者を社会的に分類し集団を形成するものであり，（自己の所属する集団ではない）他の集団に対しては固定観念を持ちやすく，ミスコミュニケーションが起こりやすいという理論です。類似性アトラクション理論とは，属性が類似している人同士の相互交流を増大させるという理論です。そのため，類似性を持たない（少ない）人同士では，ソーシャル・カテゴリー理論と同様にミスコミュニケーションが起こる傾向があります。

先ほどのメリットの部分とは異なり，多様な人材が混在する組織ということは，同質性が低いと言えそうです。同質性が低いということは，組織メンバーそれぞれが異なった考え方や価値観を有するということであり，軋轢や対立が起こりやすくなります。このことがまさに冒頭で述べたように，ダイバーシティ・マネジメントの問題点であり，本書を手に取られた読者の皆さまの悩みでもあることと思います。ダイバーシティのメリットとデメリットを，**図表6-5**に要約しました。

したがって，本章の冒頭で述べたように，できるだけダイバーシティのメリットを際立たせ，デメリットを最小にすることが重要となってくるでしょう。そのようなマネジメントが「ダイバーシティ・マネジメント」であると筆者は考えています。

5. ダイバーシティ&インクルージョン

有村（2007：51頁）は，「人々の間の様々な違い，すなわち多様性を競争優位に結びつけるための長期的な組織変革のプロセス」と，ダイバーシティ・マネジメントを定義しています。また，Mathis & Jackson（2004）は，職場における多様性を意識し，多様性それ自体の価値を認識し，マネジメントすることの重要性を示し，その上で創造性を刺激し，幅広い視点を提供し，問題解決能力を高めることで，企業組織に競争優位をもたらすことができるものであるという考え方をダイバーシティ・マネジメントと呼んでいます。

▶図表６-５　ダイバーシティのメリットとデメリット

メリット	デメリット
•選択肢と視点の増加 •重要な情報を見出す機会の増加 •適切な解決が提案される可能性の増加 •イノベーションの増加 •外部ネットワークの増加 •論拠の質の向上 •離職率の低下 •良好な人間関係の構築 •顧客ニーズの理解の促進 •監督者のフラストレーションの低減 •品質の向上 •問題解決能力の向上 •独創性の向上　　　など	•離職率の上昇 •欠勤率の増加 •不満足度の増加 •問題解決の困難さ，合意の難しさ •組織へのコミットメントの減少 •曖昧さの増加 •ミスコミュニケーション •コンフリクトの発生 •派閥争い •軋轢 •対立　　　など

出所：谷口（2005）第２章を参考に筆者作成

▶図表６-６　ダイバーシティ・マネジメントの４段階

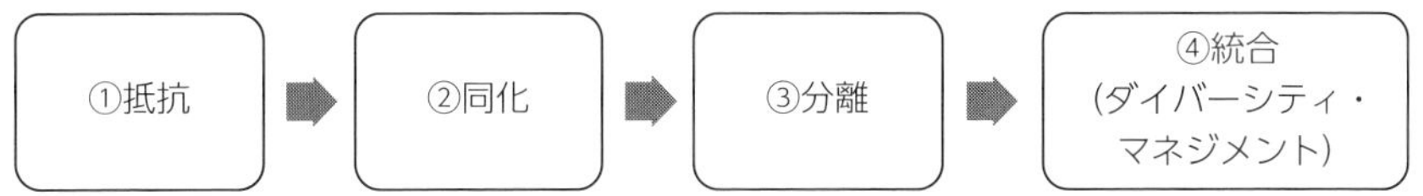

谷口（2005）265頁を基に筆者作成

谷口（2005）は，組織における多様性のマネジメントを，①抵抗，②同化，③分離，④統合の４段階に分類しています（**図表６-６**）。①抵抗の段階では，違いを拒否しやすく，ダイバーシティに対して抵抗的な行動をとる傾向があります。②同化の段階では，違いを同化させたり無視したりしやすく，ダイバーシティに対して防衛的な行動をとる傾向があります。③分離の段階では，互いの違いを認めやすく，ダイバーシティに対して適応的な行動をとる傾向が見られます。④最後の統合の段階では，違いを活かし競争優位につなげるため，ダイバーシティに対して戦略的な行動をとる傾向が出てきます。この④統合の段階こそがダイバーシティ・マネジメントと言えると述べています。

なお，経済産業省の「新・ダイバーシティ経営企業100選[1]」では，「多様な人材[2]を活かし，その能力[3]が最大限発揮できる機会を提供することで，イノベーションを生み出し，価値創造につなげている経営[4]」とダイバーシティ・マネジメントが定義されており，従業員の多様性を競争力として活かしていく経営・人事戦略ととらえられています。

つまり，ダイバーシティ・マネジメントとは，「組織における個人の持つ多様性をマネジメントする管理手法」であると言えそうです。これからの日本企業にとって，ダイバーシティ・マネジメントはただ従業員のパフォーマンスを向上させるだけでなく，自社の競争力を高めるという意味においても有用であると言えるでしょう。

最近アメリカでは，ダイバーシティ・マネジメントをダイバーシティ&インクルージョン[5]と表記している企業も多く見受けられます。同じように，日本でもダイバーシティ・マネジメントを，ダイバーシティ&インクルージョンと表記している企業も増加しつつあるようです。中村（2017：62頁）は，「ダイバーシティ&インクルージョンとは，多様な人材を企業組織に受け入れ，それらすべての人々が多様性を活かしつつ，最大限に自己の能力を発揮できると感じられるよう戦略的に組織変革を行い，企業の成長と個人の幸福に繋げようと

---

1) 経済産業大臣が「多様な人材を活かし，その能力が最大限発揮できる機会を提供することで，イノベーションを生み出し，価値創造につなげている」事例を対象に表彰する取り組みである。

2) 「多様な人材」とは，性別，年齢，人種や国籍，障害の有無，性的指向，宗教・信条，価値観などの多様性だけでなく，キャリアや経験，働き方などの多様性も含む。

3) 「能力」には，多様な人材それぞれの持つ潜在的な能力や特性なども含む。

4) 「イノベーションを生み出し，価値創造につなげている経営」とは，組織内の個々の人材がその特性を活かし，いきいきと働くことのできる環境を整えることによって，「自由な発想」が生まれ，生産性を向上し，自社の競争力強化につながるといった一連の流れを生み出しうる経営のことである。しかしながら，多様な人材と言いながら対象者が限定的なケースも多く見受けられる。

5) ダイバーシティ&インクルージョンの詳細は，中村（2017），中村（2018）などを参照されたい。ダイバーシティ&インクルージョンの基本概念から取り組み事例などが提示されている。

するマネジメント手法」と定義しています。つまり，ダイバーシティ&インクルージョンとは，「組織内の多様な人材一人ひとりの違いをお互いが受け入れ，積極的に活かし合うこと」と言えます。

先ほど述べたように，ダイバーシティ・マネジメントとは，「組織における個人の持つ多様性をマネジメントする管理手法」であり，ダイバーシティ&インクルージョンの定義とよく似ています。そのため，本章ではダイバーシティ・マネジメントとダイバーシティ&インクルージョンは，広い意味で同一のものとして考えて進めていきたいと思います。

6. 21か国の人々が共に働く職場：社会福祉法人伸こう福祉会の事例[6)]

6-1　はじめに

本節では，わが国におけるダイバーシティ・マネジメントの優れた実践例として，社会福祉法人伸こう福祉会を紹介したいと思います。最近の国内の動きの中で，少子高齢化に伴う労働力確保として，外国人雇用が注目されています。2016年には日本で働く外国人は100万人を突破し，さらに増加傾向にあります。伸こう福祉会は，こうした外国人を単なる労働力不足の補てんのためだけでなく，個性の多様性を大切にしながら成長を続けています。伸こう福祉会は，1999年に設立された，神奈川県を拠点とする介護や保育サービスを提供する社会福祉法人です。設立直後の2001年度の従業員数は121人でしたが，2016年には1,123人を数えるまでになっています。利用定員数も，2001年度の158人から2016年の1,814人と，10倍以上の伸びを見せています。

この法人のユニークなところは，外国人スタッフの数とその多様性でしょう。

6)　この事例は，筆者の一人である田中利正氏による同法人への聞き取り調査に基づき作成された。

▶図表6-7　伸こう福祉会の外国人スタッフ

ペルー	12	中国	10	フィリピン	9
ブラジル	3	アルゼンチン	1	イギリス	1
イラン	1	韓国	1	ガンビア	1
コンゴ	1	スウェーデン	1	タイ	1
台湾	1	ネパール	1	バングラディッシュ	1
ベトナム	1	ベネズエラ	1	ボリビア	1
ミャンマー	1	ルーマニア	1	合計	50

出所：同法人2018年度アニュアルレポート
(https://www.shinkoufukushikai.com/pdf/annual2018.pdf)

2018年度のアニュアルレポートによれば，全スタッフ約1,100余名のうち，外国籍のスタッフ数は50名であり，出身国は20か国に上ります（**図表6-7**）。それだけではなく，この法人では高齢者雇用，障がい者雇用，さらに難民雇用も行っており，多様な人材が働けるようになっています。当法人は，経営理念の「たくさんのよきものを人生の先輩たち，後輩たち，そして地域に捧ぐ」をモットーに，「保育」「高齢者介護」「障がい者支援」という仕事を通じて，「たくさんのよきもの」を，当法人に関わっている方々に捧げることで，より「しあわせ（福祉）」な生活が送れるようにと願い事業活動を行っています。

理事長の足立聖子氏は理念の実践として，「利用者や家族に対して，ベストを尽くすのは当然であり，それ以上に社会に対して何ができるかを常に問うている。私たちですべての解決にならないが，社会の中での新しい動きや，新しい提案の投げかけをやっていく。それが“たくさんのよきもの”の考え方である。その１つが，ダイバーシティ経営です。前例がないからやらない，やらなくてもよいではなく，前例になるのが私たちの務めです」と述べています。

6-2　外国籍スタッフ雇用のきっかけ

同法人では，創業時から福祉という固定概念の枠にとらわれない，普通の人たちによる普通の人たちに対するサービスを求め，専門職にこだわらず，主婦や学生，障がいのある人を受け入れ事業活動を行っていました。そこに神奈川県で受け入れていたベトナム難民を教会の紹介で雇用したのが，外国籍スタッフ雇用のスタートとなりました。仕事がなく困っているならと，“かわいそうな難民”ではなく，働き手であり，大切な仕事仲間として外国人を受け入れ，多様な人たちとの人間性を中心にした事業展開の道を選択していきました。

創業者の片山ます江氏は，著書の中で，「いろいろなことに届かず，行き場をなくしているような人たちこそ，人の痛みや苦しさをよく理解し，相手の気持ちを感じ取ることのできる素晴らしい人材であり，どんな人にも活躍の場はあると確信している」と語っています（片山, 2016）。伸こう福祉会では，外国籍スタッフを安価な労働力として見るのではなく，個人それぞれの良いところを引き出し，良いところを認めながら仕事に従事してもらっています。外国籍のスタッフは，異なる文化を持っているがゆえに，異なる視点で物事をとらえることができるそうです。個性は大切であり，外国籍スタッフを多く雇用すると，今まで見えていなかったこと，日本人としての固定概念にとらわれていたことに気づかされることが多々あるそうです。たとえば社員研修を行う場合も，考え方がその国の文化とか背景で異なる場合があり，内容によっては，母国語（日本語，中国語，英語，スペイン語）でスタッフ同士がコミュニケーションすることで，活発な議論がなされ，新たな気づきを得ることができるようです。

一方で，「外国籍スタッフを担当から外してほしい」という類の意見が利用者や家族から出たことはありません。雇用はアジア系だけでなく，アフリカ系のスタッフも雇用していますが，逆に利用者は外国籍のスタッフが大好きで，人気がある場合が多いそうです。彼らのオーバーリアクションや人懐っこい態度など，そういった人間性が福祉の現場では利用者に受け入れられていると感じるそうです。

6-3　外国籍スタッフの採用・評価・育成

面接時には，入職後では教育が難しい“やさしさ”，“素直さ”，“勉強好き”，“プラス思考”等の「基礎的能力」の確認に重点を置いています。したがって，面接時の第一印象があまりにも悪い場合は採用しません。ボディランゲージだったり，表情であったり，その人自身のあり方が大切です。言葉は，働きながら上手になっていくので重要視されていません。人懐っこそうで，それなりに好感度のある人というのが条件の１つに挙げられます。大切なこととして，介護の仕事をやりたいと本当に思っているかがポイントになっています。日本語が得意でない場合は，ネイティブで面接を行います。

最近は，難民もしくは難民申請中の人の採用も行っています。その場合は，難民支援協会の人と理事長か副理事が面接を行っています。同法人を就職のスタートとして，ステップアップになればよいと考えられています。難民・難民申請中の人たちにも日本の社会の中で居場所が必要ですが，その居場所が当法人であれば，割と他に外国籍のスタッフも多いし，言葉を喋る人間も多いし，職員たちも慣れているから，彼らも働きやすいと思い採用しているそうです。今まで採用したスタッフは環境に馴染もうと努力し，物事を深く考え，よく働いてくれるので，高く評価しているということです。

入社時の最初のオリエンテーションで伝えられる，「伸こう福祉会の森」という童話があります。この童話は，森があって，森の中に様々な動物がいて，その森の中に生えている古くからある老木と，土から顔を出したばかりの若木を動物たちが一生懸命自分の特技をもって支えているという内容であり，日々それが伸こう福祉会であるという話を徹底的に行っています。様々な動物は違う個性があるので，「あなたはあなたのできることをやりなさい」と教育しています。また，伸こう福祉会の職員として，一番大事な要素を伝えています。それは，語学力があるとか資格があるとかではなく，「自分のベストを尽くす」「一生懸命働く」「より良くすることに躊躇しない」というようなことであり，そこを基準に評価すると伝えているため，大きな問題に発展することはありません。

このように，入職時の研修や全スタッフが１年に１度受講する研修で繰り返し「理念」を伝えています。それだけではなく，基本理念を実践するための方針をまとめた冊子を制作し，全スタッフに配布しています。その冊子は，外国籍スタッフに配慮して４か国語（日本語・英語・スペイン語・中国語）で表記されており，今年度重点的に取り組む品質方針や，スタッフとして必ず守ってもらいたいこと，業務の基準などが記載されています。全スタッフが冊子の内容を理解できるよう，研修も実施しています。

さらに，入職期間・役職に応じた総合的な研修や各施設でのOJTで「技術や経験」を重ね，専門職ごとの研修や資格取得をサポートする研修で「知識や資格」が得られるよう取り組んでいるそうです。

外国籍のスタッフで考慮が必要なのは宗教的な部分であり，たとえば異性介助は絶対にできないというケースがよくあります。その場合は，長く働きたいという意思があれば，長く働けるように担当を配慮しています。

また，評価制度は，基本的に日本人と同じです。日本人と研修も一緒に実施しています。場合によっては，説明を英語やスペイン語に代えたりして配慮しています。日本人に有利に働くような，昇給するのにレポートを出すとか，筆記テスト等を課していません。技術と行動の評価だけなので，特に問題は発生していません。実績として，２名の外国籍の施設長（管理職）が誕生しています。

6-4　外国籍スタッフと日本人スタッフとの大きな違い

時間のルーズさ等は，外国人の特性というよりも「人によるところが多い」そうです。もちろん，日本語や漢字は苦手な人もいるので，日本人スタッフに負担がかかる場合はあります。しかし，日本人スタッフが高齢化してきている中で，外国籍スタッフは比較的若いため，力仕事は外国籍スタッフに任せるなど，お互いに補いながら仕事をしています。

日本人との大きな違いは，キャリアに関する考え方です。外国籍スタッフは，自分の人生の中の今のステージでこの職業はどうかという感じで考え，目標設定が明確にある人が多いようです。なぜ辞めるのか理由を聞くと，30歳になったからとか，日本人から見れば理解が難しい理由を言うこともあります。組織が嫌だとか，給料が低いなど，経営側が改善できる理由ではなく，30歳になったからなどと突然言われてしまいます。施設側が考えていたその人のキャリアプランというものを，一瞬に白紙にされる場合が外国籍スタッフにはあります。人材として育成して，長いキャリアプランを提供することが課題です。

次に，労働というものに関する責任や権限など，役割分担に対する考え方の違いが大きいです。「私の仕事はどこまでですか」「私の上司は誰ですか」「私の責任範囲はどこですか」等，責任と権限を明確にすることを望み，役割分担された業務以上のことはやらない人が多いそうです。「あなたは，私の上司でもないのに何の権限があってそういうことを言うのか」など，日本の福祉現場では気づいた人がやるといった曖昧な仕事の分担がありますが，その部分の対応は難しいです。「私の仕事じゃないから私の責任じゃありません」と堂々と言うスタッフもいます。責任や権限，上司部下の役割の違いに対する感覚は，日本人よりはっきりしています。彼らの言う責任と日本人の責任が真逆で，なかなか理解が難しい感覚です。

外国籍のスタッフとトラブルになった場合，日本人でも経験者でないと解決できないケースが多いです。その場合は，本部にいる国際担当者が出向いて双方に説明します。必要であればその人の保証人や，外部の第三者の力が必要な場合もあります。話し合いの場で感情的になり，南米系の支援者団体のファシリテーターに来てもらって，スペイン語で言い分を聞いてもらい，こちらの立場の説明を仲介してもらったケースもあるそうです。そのため，外部のサポーターの存在は重要です。その仕組みがあると，スムーズに問題解決ができるということです。

法人で働く職員，施設利用者，その家族，地域住民等が中心で構成するミュージカル公演を2012年と2019年２月に行いました。それまでは，自分の職場のことはわかりますが，伸こう福祉会の職員であるという感覚がありませんでした。しかし，やったことがないことにチャレンジしてそれを一緒に為し遂げるというプロセスを体験することで組織を超え，施設を超えて，伸こう福祉会の一員としての自覚が醸成されました。また，その月に誕生日を迎える全職員を対象に月に１回誕生会を行っています。運動会も実施していますが，いつもの職場とは違う環境の中で外国籍スタッフとの交流の機会を通して，お互いの理解が深まっていると考えています。

6-5　小　括

同法人は，職員満足度調査も行っています。その中では必ず，「伸こう福祉会は高齢者や外国籍や障がいのある方と働くことを大切なことだと考え，私たちの重要な価値観としています。あなたはこの考え方をどう思いますか」や，「あなたはこの考え方に賛同しますか」などの質問を入れていますが，８割以上のスタッフが肯定的に回答しているそうです。外国籍や高齢者のスタッフの満足度が最も高く，ダイバーシティが進んでいる事業所の方が，職員たちの満足度や会社に対する忠誠度が高いという結果が出ているそうです。

多くの外国籍スタッフと共に働く組織を作る上で重要なのは，最初に採用時の研修で方針をはっきり伝えることと，施設長が差別的な考え方を持たず，外国籍スタッフでも日本人スタッフでも同じ評価をすることだそうです。これまでにも，経営計画立案を行ったり，突出して優秀な施設長は外国籍だったそうです。そのような職場環境なので，外国籍スタッフか日本人スタッフなのかという見方は，同法人は関係ないと実感しています。

7. ダイバーシティ・マネジメントの実践に必要なこと

7-1　個別かつ公正な人事管理制度

事例からわかるように，ダイバーシティを生かすためには，各々の個人が持つ仕事を遂行する能力，組織目標達成のために貢献できる能力を処遇の基準とすべきでしょう。伸こう福祉会では，人懐っこそうで，それなりに好感度のある人というのが採用条件の１つに挙げられ，介護の仕事をやりたいと本当に思っているかというのがポイントとなっていました。「伸こう福祉会の森」の童話でも，個々人が持つ仕事の遂行能力を重視していることを伝えていました。

▶図表6－8　人事管理制度の比較

従来の日本的人事管理制度	ダイバーシティに適合した人事管理制度
一括管理 学歴や勤続年数を基準とした処遇	個別管理 社員一人ひとりの特性や成果に応じた処遇
画一的な働き方 フルタイム勤務を基準に，必要（育児・介護など）に応じて両立支援制度を提供	多様で柔軟な働き方 全社員に対し，個々の事情に応じた働き方（時短勤務，両立支援制度など）を提供
会社主導型キャリア管理 会社側が段階に応じた研修や教育を提供 移動や配置は基本的に会社側が決定	自己選択型キャリア管理 個々人に合わせた育成プランを作成 仕事や勤務地の変更は本人の同意が必要

出所：佐藤（2017）12頁をもとに筆者作成

一方で，多様性がハンディキャップにならないように，処遇を考える必要があります。事例では，4か国語の冊子やネイティブによる面接など，外国人が言葉の面で不利にならないよう，採用や処遇の面で様々な工夫が行われていました。

中央大学教授の佐藤博樹氏は，従来の日本的な人事管理制度と，ダイバーシティに適合した人事管理制度の違いを**図表6－8**のように整理しています。

図表6－8を見てわかるように，新卒一括採用で長期勤務を前提とした従来型の人事管理制度は，ダイバーシティ・マネジメントには適合していません。一人ひとりの多様性に合わせ，それを生かすためには，従業員一人ひとりに適合した柔軟な働き方を，メンバー全員に提供することを可能にする制度が必要です。事例でも，キャリアや働き方は本人の希望が優先されていました。たとえば，専門職ごとの研修や資格取得をサポートする研修を通じた，「知識や資格」の獲得の取り組みなどです。

こうしたダイバーシティ・マネジメントに適合した人事管理制度を一言で表現するならば，「個別かつ公正な人事管理制度」と名付けることができるでしょう。すなわち，一人ひとりが置かれた境遇や考え方が違うということを前提に，誰かが不利益を被ったり，一方で特定の人々だけが恩恵を受けるような制度ではなく，全員に対し公正に適用されるような制度です。ダイバーシティ・マネジメントの実践のためには，企業全体としてこうした制度設計をすることも重要ですが，現場において正しく運用されることが不可欠の条件だと考えられます。

7-2　コミュニケーション上の工夫

職場レベルで行うべき実践として，事例ではコミュニケーション上の工夫がいくつか見られました。１つは，多様性を受容し互いの学習の契機とするようなコミュニケーションです。事例では，外国籍のスタッフは，異なる文化を持っているが故に，異なる視点で物事をとらえることができると思われていました。外国籍スタッフを多く雇用すると，今まで見えていなかったこと，日本人としての固定概念にとらわれていたことに気づかされることがありました。

このような気づきを得るためには，職場におけるコミュニケーションにディスカッション・タイプだけでなくダイアログ・タイプを導入する必要があると思われます。

ディスカッション・タイプは，自分の意見を正とし，理論的に主張をぶつけ合い，いかに相手よりも優れているかを示すために行われることが多い，ベストな答えを決めることが目的のコミュニケーションです。一方のダイアログ・タイプは，皆で意見を持ち寄り，共通の理解を深め，探求し，意味を考えるために行われるものであり，共通の思想を探すことが目的のコミュニケーションです。ディスカッション・タイプのコミュニケーションでは，会話を通じて「正解・不正解」や「勝者・敗者」が生まれる可能性があり，そのため，人々は敗者にならないために，自分の意見を押し通そうとする傾向が生まれます。一方のダイアログ・タイプでは「正解・不正解」や「勝者・敗者」はおらず，あらゆる発言が「多様性」「可能性」として受容されます。そのため，メンバーは「間違っているかもしれない」と思うことでも，自由に発言できるようになっていくでしょう。考え方が異なる者同士のコミュニケーションでは，いったん自分の中の正解を保留し，相手の意見に耳を傾け，互いの共通理解を探っていくようなダイアログ・タイプのコミュニケーションが必要だと思われます。

もう1つは，対立（コンフリクト）の解消です。多様性を生かすためには，価値観や考え方の違う人同士が協働する必要があります。そのような場合必ずと言っていいほど意見の違いが発生し，対立が生まれます。ダイバーシティ・マネジメントはこのような対立が生まれることを前提に，互いが協力できるようにしていかねばなりません。

組織内のコンフリクトは，タスクコンフリクトと関係性コンフリクトに分けることができます。タスクコンフリクトとは，組織の課題に対する意見の対立です。このコンフリクトは，多様な意見の統合を促すため，組織にプラスに働くと言われています。一方の関係性コンフリクトは，人間関係上の感情的な対立です。これは，組織に対してマイナスに働くと言われています。したがって，ダイバーシティ・マネジメントでは，対立は「仕事上の意見の違い」というタスクコンフリクトとして処理することが必要となってきます。

そのためには，互いが感情的にならないよう，お互いが大事にしている価値観や考え方の違いを非難することがないようにせねばなりません。事例では，お互いが冷静に話し合えるよう，本部の国際担当者や外部の第三者という，冷静で客観的な視点を持つ人を間に入れるという方法がとられていました。

3つ目のポイントは，理念や方針を新人のころから明確に伝え，その理念や方針に基づいたマネジメントを行うことでしょう。事例では，最初の研修でしっかりと方針を伝えることが重要視されていました。その方針とは，職員に一番求められることであり，それは語学力や資格ではなく，「自分のベストを尽くす」「一生懸命働く」「より良くすることに躊躇しない」というような基準でした。また，先ほど述べた基本理念を実践するための方針をまとめた冊子や，「伸こう福祉会の森」の童話も，同法人の方針や理念を伝えるのに役立っていると考えられます。さらに，採用や評価もこうした方針や理念に沿って行われていました。メンバーが多様であるがゆえに，揺るがない守るべき共通の方針や理念が必要となると思われます。

8. まとめ

経済産業省は，日本企業の経営力と国際競争力を高め，国力強化を図るために「ダイバーシティ2.0」を推進しています。経済産業省の「ダイバーシティ2.0 行動ガイドライン」によると，「ダイバーシティ2.0」は，「多様な属性の違いを活かし，個々の人材の能力を最大限引き出すことにより，付加価値を生み出し続ける企業を目指して，全社的かつ継続的に進めていく経営上の取組」と定義されています。そして，実践のためのガイドラインとして，①経営戦略への組み込み，②推進体制の構築，③ガバナンスの改革，④全社的な環境・ルールの整備，⑤管理職の行動・意識改革，⑥従業員の行動・意識改革，⑦労働市場・資本市場への情報開示と対話の７つのアクションを提示し，それぞれのアクションにおいて具体的な取り組み事例を提示しています。詳細は，経済産業省の「ダイバーシティ 2.0 行動ガイドライン」を参照してください。

先述のように，経済産業省は，ダイバーシティ推進を経営成果に結びつけている企業の先進的な取組を，「新・ダイバーシティ経営企業100選」として紹介し表彰しています。以下に，受賞企業の対象と取り組み内容をまとめたものの一覧を提示します（**図表６-９**）。これらの企業の取り組みを見ると，主に「柔軟な働き方の整備」や「研修やスキル取得環境の整備」が重視されてきたことがわかります。

このようなダイバーシティを推進するための取り組みは非常に重要ですが，これらは職場環境の制度上の整備のみを指しています。しかしながら，それだけに取り組んでいれば良いという訳ではないでしょう。制度の整備とともに，運用上の工夫が必要であると考えられます。本章で見たように，メンバーすべての個性が重視されるとともに公正に適用できる制度の整備と運用，ならびに多様な考え方や価値観を持つ組織メンバーそれぞれが共通の理念・方針を守りつつ，お互いに受け入れ，積極的に活かし合うことが重要となるでしょう。

▶図表６-９　新・ダイバーシティ経営企業100選：受賞企業の対象と取り組み内容一覧

年度	新・ダイバーシティ経営企業１００選：受賞企業数	対象							取り組み							
		女性	外国人	障がい者	高齢者	キャリア・スキル・経験	限定なし	その他	役員層の多様化	経営会議等への社員参画	柔軟な働き方の整備	評価・報酬・登用基準の明確化	管理職の行動・意識改革	研修やスキル取得環境の整備	キャリア形成意識の醸成	資金調達や人材確保のための情報発信
2020	14	12	7	2	3	9	1	0	2	1	13	5	8	9	10	1
2019	18	10	6	9	7	12	2	0	2	4	15	8	3	11	10	6
2018	24	16	7	4	7	2	5	0	1	2	22	3	4	13	9	2
2017	21	13	7	4	2	6	6	2	1	2	17	4	3	11	8	3
2016	31	23	7	12	4	3	5	1	1	0	11	9	7	5	2	2
2015	34	27	9	5	2	7	－	11	1	0	18	15	9	4	11	2
2014	52	40	10	18	9	19	12	3	0	0	17	16	12	5	11	5
2013	46	34	6	6	3	0	2	－	1	0	18	12	8	3	11	1
2012	42	33	20	25	21	21	9	9	0	0	9	7	5	6	7	0
合計	282	208	79	85	58	79	42	26	9	9	140	79	59	67	79	22

出所：経済産業省令和２年度ベストプラクティス集を基に筆者作成

アカデミック・コラム

アプレシエイティブ・インクイリー

本章では，ダイアログ・タイプというコミュニケーションのあり方について説明したが，ダイアログを用いて組織の問題を解決する方法として，アプレシエイティブ・インクイリー（Appreciative Inquiry: AI）という組織開発の考え方を紹介しよう。

AIとは，組織メンバー間の関係性に目を向け，現存する力や希望，夢などの持ちうる力を引き出すアプローチであり，さまざまな成果を生み出す。AIは，その実施プロセスとして，4Dサイクルモデルがある。4Dサイクルモデルは，ディスカバー（Discover：発見），ドリーム（Dream：夢），デザイン（Design），デスティニー（Destiny：運命・実行）という4つのフェーズを循環させるサイクルモデルである（**図表6-10**）。Affirmative topic（肯定的なテーマ）の選定をし，その後，ディスカバーで強みや価値観を抽出・共有し，ドリームで理想の未来像を抽出・共有する。

▶図表6-10　AIの4Dサイクルモデル

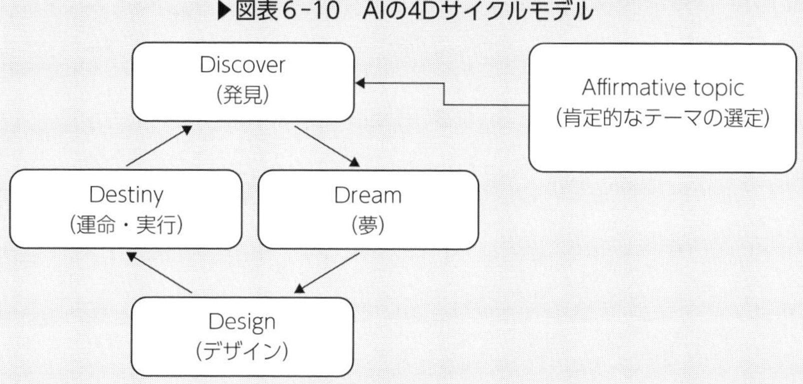

出所：Whitney & Trosten-Bloom（2003）を基に筆者作成

そして，デザインで理想の未来像を実現させる宣言文を作成し，デスティニーで宣言文を実現するアクションプランを作成し実施していくというモデルである。

AIの特徴は，メンバーが互いの強みや可能性に焦点を当てて対話をする一方，問題の原因を探るようなことはしない点にある。AIの成果として，グループアウトカムの向上，生産量・生産性の向上，業務プロセスの革新，離職率の低下などの仕事のパフォーマンスの向上や，協力体制の構築，ビジョン共有の促進，信頼関係の構築などの人々の関係性の改善に効果があることが実証されている。わが国の研究例として，多湖（2019）では，AIを実施したことで組織メンバー間の関係性が良好なものに変化したことが確認されている。AIは，ダイバーシティのデメリットを最小にするためだけのアプローチではなく，メリットを最大にするために必要な多様な考え方や価値観を認め合うことにもつながる手法として，可能性を秘めていると考えられる。AIと同じように，人々の強みや可能性に焦点を当てて問題解決をする手法として，解決志向マネジメント（青木, 2014）の存在をあげておこう。

第7章 テレワークとバーチャル・チーム：時空間を越えてグローバルにつながる職場への試み

1. はじめに

「職場」に着いてまず始めることは何ですか？　たいていのビジネスパーソンはパソコンをおもむろに立ち上げ，電子メールのチェックから始めることではないでしょうか。中にはオフィスに出勤することなく，自宅や出先でパソコンを立ち上げ早速，仕事にとりかかる人たちも増えてきました。

以前企業に勤務していたが結婚を機に退職し，いまは子育て中のＡさんは，当初は家事などにも追われていましたが，それも落ち着きを見せたので子育てと両立できそうな手軽な仕事を探していました。そこで，Web環境を利用したデータ入力などの仕事を斡旋する機関に登録し，いまでは自宅のパソコンを活用して機械的なデータ入力を行って収入を得るようになりました。また，製薬会社の医療情報担当者（MR）として勤務しているＢさんは，数年前から勤務時間の大半を携帯端末などの情報通信機器を駆使して出先や医療機関あるいは車中，カフェなどでの営業活動に当てるようになりました。その結果，事務所に顔を見せるのは月に１～２回程度となりました。これに伴って営業拠点の事務所は縮小され，同時にフリーアドレス制が導入されました。これにより，固定席を割り当てられずに共有席（デスク，設備など）が用意され，社員は空いている席を使って仕事ができるようになりました。

このようなＡさんやＢさんの働き方は，いわゆる「テレワーク」といわれる「情報通信機器（以下，ICT）を活用した，場所や時間にとらわれない柔軟な働き方」です。テレワークはICTの発展とともに，アメリカやヨーロッパを中心に拡がり，日本にも導入されています。とりわけ2010年代に入り，光ファイバーや高速モバイルを含む情報通信ネットワークの速度，品質ともに飛躍的に向上し，クラウドサービスが普及していきました。さらにタブレット端末やスマートフォンなど機器類の進化も加わり，ますます利用が進んでいます。特に2020年の新型コロナウイルスの流行がきっかけとなり，国全体でこの動きを推し進めようとしていることは，皆さんよくご存じのことと思います。

しかし，それとは別に欧米をはじめとした海外でICTをビジネスに利用するという目的で扱われている分野があります。それが，「バーチャル・チーム」です。

テレワークとバーチャル・チームは，共通する部分が少なくありません。メンバーは，程度の差こそあれほとんど顔を合わせることなく仕事をすることが可能です。またICTを利用してコミュニケーションを行う点も同じです[1)]。今後，バーチャル・チームもテレワークも，グローバル競争の激化や働き方の多様性に対応した「職場」のあり方として議論しておくことはますます重要となるでしょう。この本を締めくくる最終章として，バーチャル・チームとテレワークをとりあげ，近未来の働き方を望見してみようと思います。

まず，欧米のバーチャル・チームと日本でのテレワークの先行研究のレビューと事例を紹介し，両者の違いを明らかにしたいと思います。そして日本の今後の「バーチャル・チームへの架け橋」について，テレワークの事例をもとに提言を試みます。

2. バーチャル・チームとは何か

バーチャルコミュニケーションで利用されるICTにはemail，掲示板システ

1) テレワークではテレコミュニケーションといい，バーチャル・チームではバーチャルコミュニケーションもしくはCMC（Computer Mediated Communication）ということが多い。

ム，ウエブカメラ，ビデオカンファレンス，電子会議システムなどがあります。

Martins, Gilson and Maynard（2004）は，従来のバーチャル・チームに関する先行研究をレビューして，それぞれの研究を整理してバーチャル・チームの定義を示しています。それによると，バーチャル・チームは「メンバーが相互に依存してタスクを達成するために位置的，時間的，関係的境界を越えて仕事をする際に程度の差はあるが技術を利用するチーム[2)]」と定義されます。このように，バーチャル・チームには越えなければならない３つの境界，すなわち位置的境界，時間的境界，関係的境界が存在します（**図表７－１**）。

2-1　位置的境界（locational boundary）

位置とは職場といった物理的な場所（location）や地図上（geography）に存在する境界を指しています。この境界のICT利用の具体例としては，電子会

▶図表７－１　バーチャル・チームにおける３つの境界

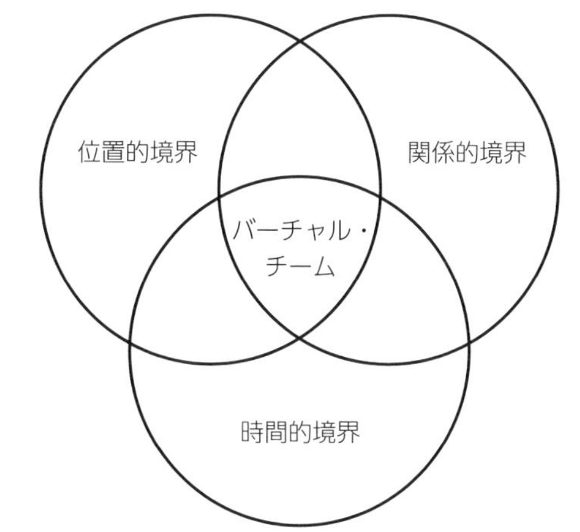

2)　Martins et al.（2004）の定義に関する引用部分は，次のとおり。"teams whose members use technology to varying degrees in working across locational, temporal, and relational boundaries to accomplish an interdependent task"（p.808）

議システムを利用することを考えるとわかりやすいと思います。これにより「何があっても集まることができない」または「フェイス・トゥ・フェイスでのコミュニケーションができない」状況下で，メンバーが相互の時間を共有し，あたかもフェイス・トゥ・フェイスに近い環境でのコミュニケーションを可能にします。

2-2　時間的境界（temporal boundary）

これは，時間の差（temporal difference）やいわゆる時差（difference in time）に存在する境界を指しています。この境界におけるICT利用の具体例として，emailや電子掲示板などが挙げられます。これらは，同時に仕事をするといったことに束縛されることなく，情報やデータのやり取りや閲覧を可能にします。とりわけ時差が広がれば広がるほど当事者間でビジネスの時間とプライベートな時間が逆転するため，依頼，処理，応答の一連のプロセスの時間的な差が縮小し，連続的，効率的なタスクの処理が可能となります。

2-3　関係的境界（relational boundary）

組織間に存在する境界であり，企業や系列のグループなどさまざまです。たとえば，アウトソーシングやジョイントベンチャーなどさまざまな形態で，チームメンバーとして自らの組織の所属の立場を越えて参画する際に存在する境界を指しています。関係的境界に関連するICT利用の具体例としては，組織間で情報やデータを安全，確実にやり取りできるセキュリティー技術などが挙げられます。

3. バーチャル・チームの事例

News week誌の記事[3]によると，ボーイング787ドリームライナーの開発も

3）Flynn and Vencat（2006）

バーチャル・チームによるものだそうです。「日本の技術者は翼，韓国人は傾斜した翼端を付け足し，英国人はロールスロイスのエンジンを改良する一方で，イタリア人とテキサス州の人は水平安定板と中央の機体をはめ込む」といったように，各主力パーツを分担して高度な知識と技術をもった企業や個人が相互に関係しながら設計にあたりました。それを統括しているのが，「仮想工場(バーチャル工場)」です。その様子は，「ワシントン州エベレットのプロジェクトマネジャーらは，3D眼鏡をかけて，新型モデルがみるみる完成していくのを見守る」と言い表わされます。またその具体的なイメージは「眼鏡のお陰でデジタルモデルの周りを歩くことができ，まさに新型モデルが現実の工場で組み立てられているかのように世界中の六千人の技術者が行った修正を逐一チェックすることもできる」と紹介されています。

次に，ボーイング傘下のロケットダイン社の事例[4)] を紹介します。同社のプログラムマネジャーは，新製品エンジン開発の必要に迫られていました。特に，緻密な部品の少量生産を試作品を作らずに行うことを企画していました。そのためには，シミュレーション・ソフトウェア応用解析技術者が必要でした。その技術者は，同社とは相当距離の離れたIT企業に所属していたため，これを「バーチャル・チーム」を結成することで解決していきました。編成されたチームは総勢８名で，「10か月余りのプロジェクトの期間中，フェイス・トゥ・フェイスのミーティングはたった１回しか―しかも出席者５人だけで―開かれませんでした。しかもチーム全体としては，週当たり労働時間で見て，その約15%を振り向けた程度」だったそうです。その結果として，「新しいロケット・エンジンの開発プロジェクトにおいて設計期間を10分の１に，そして何百万ドルのコスト削減を実現させた」ということです。メンバーが各々の企業に所属しながらも，ロケット・エンジンという専門領域から遠い分野の問題を，「これまでどおり仕事に従事しながら，その現場の同僚に相談したり，豊富な資料に目を通していた。このように慣れ親しんだ環境から多大なメリットを享受し

4)　Majchrza et al.（2004）

ていた」といいます。

その他，バーチャル・チームを活用した各業界を代表する企業（先端技術，電気通信，金融機関，コンサルティング会社，重工業，自動車，消費財）の26企業，54チームへのインタビュー調査の結果，バーチャル・チームには次のような特徴があるということが明らかにされています。

① メンバー間のフェイス・トゥ・フェイスのコミュニケーション機会が非常に少ない

② チームメンバーの職場の時間帯や国籍が多様である

③ メンバーの所属企業が複数あるケースが半数近い

④ 職場が地理的・物理的に離れているという位置的境界，それに伴う時差や時間の差という時間的境界，そして組織や職能の関係的境界をそれぞれ越えるダイナミズムがある

⑤ 各メンバーが1つのゴールに向かって，それを達成するためにタスクを分担し，相互依存しながら実行する

このように世界を代表する企業同士が自社の既存の技術では対応できない製品開発を行う場合，とりわけ革新的な製品づくりをスケールの大きなプロジェクトによって実現させる際に，ICTを活用して社外の有能な人材をバーチャル・チームによって連携させることで，リアルなチームでは達成困難な成果をあげることが可能になると言えそうです。

4. テレワークとは何か

テレワークの「テレ（tele)」は「遠く」あるいは「離れて」という意味で，テレワークとは「(従来の固定的なオフィスから）遠く，離れて働く」ということを意味しています。テレワークはICTの発展経緯，研究や啓発する立場などによりさまざまに定義され，また変遷しています[5)]。たとえば日本テレワーク学会の規約[6)] によると，テレワークとは情報・通信技術の利用により時間

▶図表7-2　テレワークの枠組み

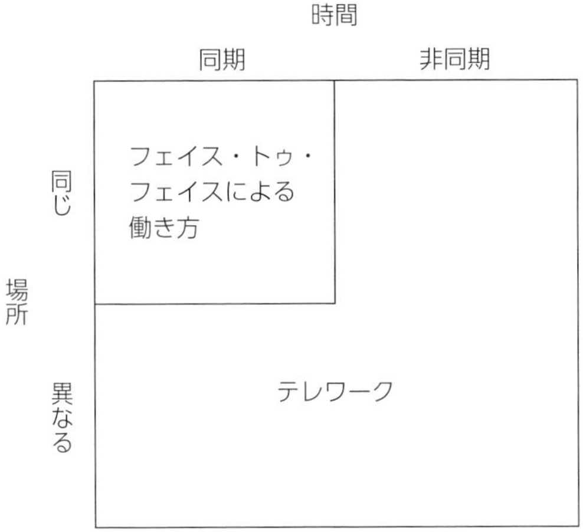

的・空間的束縛から解放された多様な就労・作業形態と定義されています。テレワークの枠組みは，**図表7-2**のように表現できます。

図表7-2を見ると，テレワークもバーチャル・チームと同じく，時間と場所の境界を超えた働き方を意図しています。テレワークの分類については，就業形態による分類によって雇用型テレワーク，自営型テレワーク（SOHOテレワーク），内職副業型テレワーク（在宅テレワーク）があります。一方，勤務場所による分類として在宅勤務，モバイルワーク，サテライトオフィス勤務があります。また勤務頻度によっては常時テレワーク（完全テレワーク），随時テレワーク（部分テレワーク）があります（**図表7-3**）。なお，テレワークの分類の仕方によって，様々な組み合わせがありえます。たとえば本章の「はじめに」で例示したＡさんは内職副業型テレワーカー（在宅ワーカー）です。またＢさんは雇用型テレワーカーであり，モバイルワーカーとなります。

---

5)　佐堀・比嘉（2004）

6)　日本テレワーク学会規約http://www.telework-gakkai.jp/about/kiyaku/（2017年８月18日アクセス）

▶図表7-3　テレワークの区分

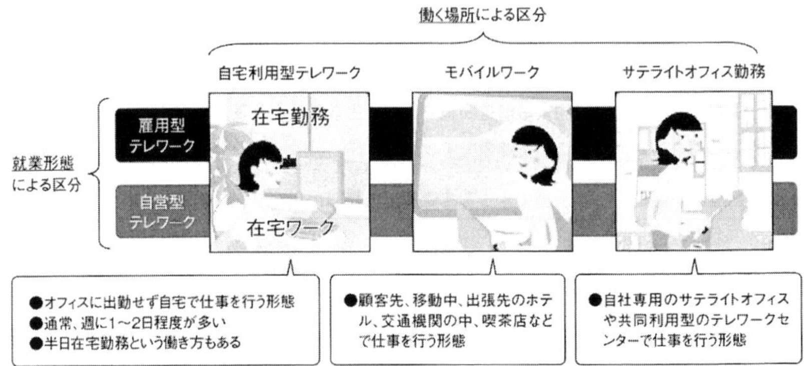

出所：テレワーク白書2016「テレワークで働き方が変わる！」13頁

テレワークには，企業経営，就業者，社会それぞれにおいて次のような効果が期待されています（**図表7-4**）。

① 企業経営

業務の効率化，優秀な人材の確保，事業継続計画・節電対策など

② 就業者

ワークライフバランスの向上，通勤による肉体的・精神的負担の軽減，地域コミュニティーへの参加機会の増加など

③ 社会

通勤混雑の緩和，地域環境負荷の軽減，女性・高齢者・障害者などの就業促進など

このように，テレワークには，企業に対するメリットだけでなく，様々な人々の社会参加（企業だけでなく地域に対しても）を促進し，働く人々の生活の質向上といったメリットも期待されています。特に事業継続性の確保(BCP)対策として，先ほど述べた新型コロナウイルスの感染拡大防止の観点からも，

▶図表7-4　テレワークがもたらす効果

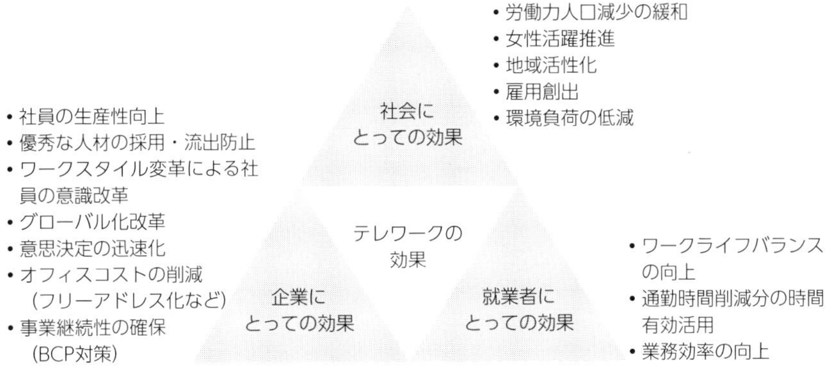

出所：テレワーク白書2016「テレワークで働き方が変わる！」20頁

テレワークは脚光を浴びています。

しかし，現状はテレワークやバーチャル・チームといった働き方は，わが国では十分に浸透しているとは言えないようです。特に中小企業は，大企業に比べて普及が遅れているようです。その原因には，もちろんICTへの初期投資の問題がありますが，テレワークを導入すると，業務プロセスがどのように変わるのかわからないという不確実性に対する不安も大きいのではないでしょうか。そこで次節では，テレワークをうまく活用しているわが国の中小企業の事例を紹介したいと思います。

5. テレワークによる女性労働力の活用：SiM24の事例

日本テレワーク協会は，団体および個人から応募された実践事例を「テレワーク推進賞」として表彰することによって，テレワークを普及・啓発しています[7)]。ここでは，「テレワークによる経営効率の向上及び改善」で第10回テレワーク推進賞の優秀賞に選ばれた株式会社SiM24（以下，SiM24）の事例を見ていくことにしましょう。同社の取組みを，第10回テレワーク推進賞事例集

（日本テレワーク協会，2009）と筆者が行った同社の大木滋社長へのインタビューをもとに紹介します。

5-1　SiM24の概要

株式会社SiM24はパナソニック株式会社（以下，パナソニック）の社内ベンチャー制度を利用して，2005年に大木滋社長によって大阪市内に設立されました。電子部品，電子機器一般などの分野の企業からの開発や設計に関する依頼に対して，CAE（Computer Aided Engineering）[8)]を用いてコンピュータ上でのシミュレーションを受託し，その結果を報告書として迅速にフィード・バックして，製品開発リードタイムの短縮とコスト削減に貢献するのが主な事業目的です[9)]。将来目標として365日受注し，それを24時間以内にフィード・バックできる体制づくりを掲げるという願いが社名に込められています。

業態は受託シミュレーションサービスであるため，顧客の需要が安定してあるわけではなく，むしろ緊急に発生することさえあります。したがって顧客の

7）テレワークを究極的な形にまで進めた先進事例に次のものがある。日本マイクロソフト株式会社・マイクロソフトディベロプメント株式会社では，全部門2,000名以上を対象に「モバイルワークスタイルの実現」を行っている（日本テレワーク協会，2011: 3-16頁）。また，「テレワーク推進賞」への応募者は，次の９項目からテレワークの主たる目的を選び，応募することになっている。①テレワークによる経営効率の向上及び改善，②テレワークによる雇用継続ならびに創出，③テレワークによる環境負荷の軽減，④テレワークによる地域活性化，⑤テレワークによるワークライフバランスの向上，⑥テレワークの普及啓発貢献，⑦テレワークを利用したSOHO及び自営業型テレワーカーの育成や支援，⑧テレワークによる事業の継続性の確保，⑨テレワークのためのソリューションの開発や活用。

8）CAEとは工業製品の設計・開発工程を支援するコンピュータシステムである。具体的には，製品の設計支援システムや，設計した製品のモデルを使って強度や耐熱性などの特性を計算する解析システム，製品の機能や性能を確認するためのシミュレ―ションシステムなどが含まれる。

9）主な受託解析サービスには応力解析，熱流体解析，樹脂流動解析などがある。たとえば「これまで請け負った生産設備のシミュレーションの仕事では，金型を作った場合と比較して，費用を約６分の１程度，期間を数分の１にすることができた」（「大阪日日新聞」2011年１月25日）。また解析結果をもとに設計に関する具体的なコンサルティング業務，およびCAEを持たない顧客に対してその導入への各種支援なども行っている（大木社長のインタビューから）。

要求を満足できる能力や技能をもった人材を流動的な需要に合わせて効率的，効果的に調達できる仕組みが利益確保へのポイントとなります。

5-2　SiM24のテレワークの仕組み

テレワークの仕組みは，**図表7-5**のとおりです。SiM24では，在宅勤務者の業務場所である自宅を「サテライトオフィス」，また在宅勤務者を「サテライト社員」と呼んでいます。まず営業活動として顧客先と解析要望の打ち合わせを行い，成果物の仕様を確定して見積書を提示し，受注します。その後，本社から各サテライト社員のうち経験者にその仕様を電子メールなどで伝達し，専用のパソコンやソフトを活用して作業を行い，各サテライト社員が本社へ報告書などを電子メールで届けます。その過程でデータ処理といった技術的に容易な作業があれば，本社の管理の下，いったん経験者が受けてから非経験者へ作業を割り振ります。最終的に，経験者が集約して報告書にまとめます。そして営業担当者が顧客に納品し，アフターフォローを行います。

5-3　SiM24を支える人材（サテライト社員）

2011年12月現在で従業員数は21名，うち常勤は大木社長を含め3名であり，おもに営業や技術的な指導を担当しています。残りの18名は女性のサテライト社員で，そのうち4名が正社員，14名は契約社員となっています。在宅の契約社員の賃金制度は時間給制とし，勤務時間はあくまで自己申告制としています。

もともと大木社長は，パナソニック在職当時中央研究所で半導体実装分野のシミュレーションの研究者として従事し，また技術系の管理職として，専門的な知識や技能をもった女性社員とともに働いていました。彼女たちはSiM24創業時にはパナソニックを退職し，また家庭の主婦となり，子育て中の母親となっていました。中には，夫の勤務で地方に移り住む人もいました。その人たちが，今では中核を担っているのです。

創業に際し，パナソニックの在職者をSiM24の従業員に採用することは社内ベンチャー制度の制約によりできなかったため，大木社長は創業時に高度な知

▶図表7-5　SiM24のテレワークの仕組み

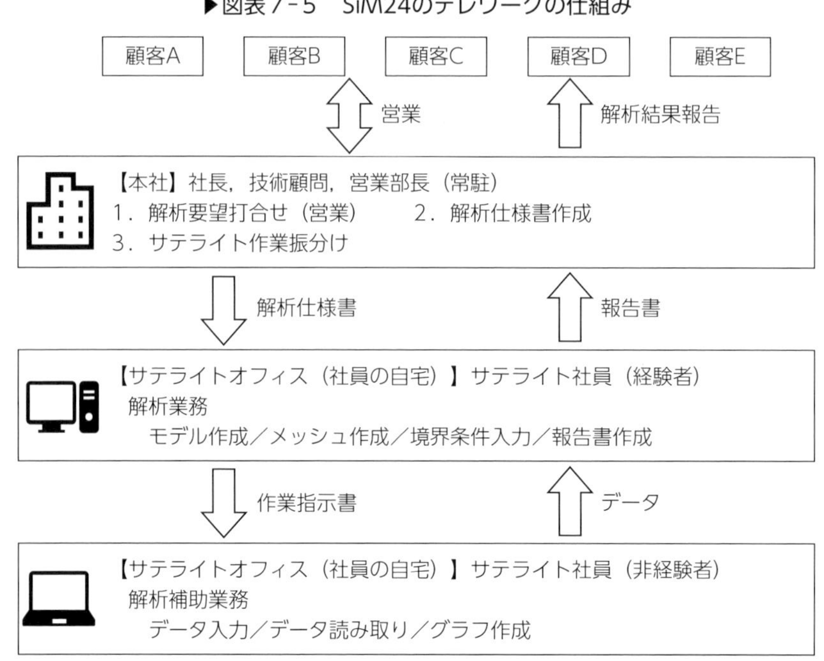

出所：日本テレワーク協会（2009）『第10回　テレワーク推進賞　受賞者事例集』40頁より引用，筆者一部修正

識と技能をもった人材の確保に苦慮していました。そんな時期に大木社長は彼女たちと再会する機会があり，彼女たちから大いに励まされました。彼女たちと交流する中で，大木社長は子育て期の母親が高い知識と技能を有するにもかかわらず，社会的に正当に評価されていないという現実を目の当たりにし，強い危機感を抱くと同時に，彼女たちの活躍の場を提供しなければという使命感を新たにしました。遠隔地に住むサテライト社員は現在，東北，関東，中部地方と広域に及んでいます。その中の元部下のある女性は，国立大学大学院を首席で修了し，パナソニック在職時にはベテラン社員として非常に優秀な人材だったそうです。しかし，結婚後地方に移り住み，子育てが一段落した後にいざ新しい職場を求めたものの，飲食業のサービススタッフ以外に見当たらない

という現実にでくわしました。それを聞いた大木社長は，専門的な業務経験をもつ高学歴女性の潜在的能力を活かす場のないことに，個人としての就業機会の損失と同時に今後の日本の国際競争力を高めていく人的資源の損失の両面において憤りと危機感を強く意識したそうです。

そして，次第にSiM24の事業に協力を申し出る元女性部下が現れるようになっていきました。このようにして，元部下を中核とした女性のサテライト社員による運営体制が整えられていきました。

5-4　相互支援による人材育成

事業が軌道に乗ると，経験の浅いサテライト社員も徐々に現れ，その知識や技能レベルに格差が生じて，営業や技術指導を担当する本社の常勤者３名では十分な技術指導や人材育成が困難になりました。そこで，サテライト社員同士で相互に知識や技能を自然に伝達するようになり，「五人組制」や「Sister制」といった制度が整備されていきました。五人組制は専門分野ごとにサテライト社員の経験の有無，得意分野を相互補完することで納期の厳しい要求への対応を可能にしています（**図表７-６**）。また「Sister制」は一人で仕事上の困難を抱えないように，経験の浅いサテライト社員が一人前になるまで，経験者が教育係となってマンツーマンで各種のサポートを行う制度です。

顧客の視点で仕事をするという観点ばかりでなく，人材育成の観点からも「単にシミュレ―ションができる」という技術力に加え，業務遂行のための背景知識として「自分が解析している部品や機器がどのようなものか」，また「全体のプロセスの中で自分が携わっているのはどの部分なのか」をよくわかっている必要があります。それに有効なICTとして，Web会議と並んで管面共有システムがあります。管面共有システムとは，本社で制御して本社とサテライト社員，あるいはサテライト社員同士が相手の端末に入ってCADなどの細かい操作を行うシステムです。これにより同じ画面を見ながらやりとりができるため，その経験を通じた学習効果が上がります。

また，ハード面ばかりでなくソフト面の対応として，大木社長は本社に近い

▶図表7-6　SiM24の「五人組制」

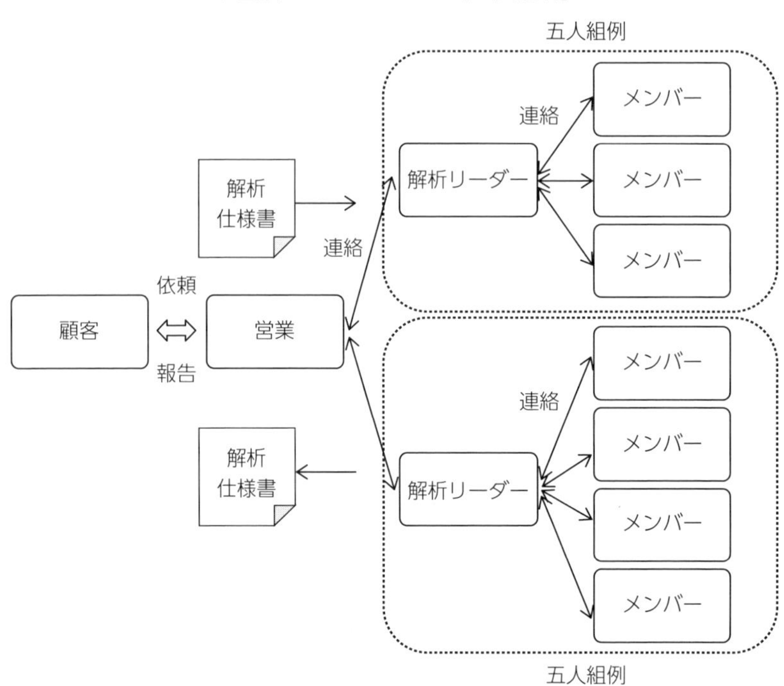

出所：日本テレワーク協会（2009）「第10回　テレワーク推進賞　受賞者事例集」42頁図表を筆者一部修正

サテライト社員を中心に２か月に１回程度の昼食会を実施しています。これにより，業務上必要な情報の共有に留まらず，フェイス・トゥ・フェイスのコミュニケーションを交えた交流が行われます。この場を通じて，同じ母親という立場も積極的に共有し，大木社長と各サテライト社員，さらにサテライト社員同士の信頼関係の構築が図られています。このように，SiM24はチームメンバーとして一体感を醸成し，サテライト社員が陥りそうな孤立を防止して相互に支援する文化を作り出しています。

これらの成果は，パナソニック在職当時の部下が，解析リーダーのサテライト社員としてより成長し，生産性が向上したというエピソードに象徴されています。大木社長がパナソニック在職当時，フェイス・トゥ・フェイスのコミュニケーション下で管理，指導していた頃と比較すると，細かな技術指導や内容確認の機会が減り，聞くに聞けない状況に追い込まれました。相互支援の文化に支えられ，かえって自分で与えられた納期内になんとかして解決していくよう動機付けられ，自主的に学習するようになったということです。

6. テレワークとバーチャル・チームとの懸け橋

日本ではテレワーク研究の中でバーチャル・チームという言葉を用いている例もありますが，直接的に言及している研究はあまり見当たりません[10)]。それは国内という空間に限定するあまり，多様な国籍や文化の違いをもった人たちで構成されたバーチャル・チームが欧米と比較して多くなく，「関係的境界」にスポットが当たりにくかったことによるものと考えられます。とはいえ，たとえばIBMでは，海外拠点間での製品開発会議にテレワークを実践的に活用するなかから，様々な工夫やルール作りを行っています[11)]。同じ企業グループ内であっても，海外とのやりとりには関係的境界の課題は極めて大きいと言えます。

ここではまず最近の話題から，バーチャル・チームにもテレワークにも共通した適用分野について検討したのち，それらの相違点を明らかにして，今後，日本の未来型の職場ともいえるバーチャル・チームへの課題について述べたいと思います。

6-1　テレワークとバーチャル・チームが適している分野

最近の政府の「働き方改革」や「ホワイトカラー・エグゼンプション」の議論に見られるように，仕事を量としての「時間」で計測するのではなく，質と

10)　柳原（2015）
11)　橋本（2013）

しての「成果」によって計測することがようやく認められようとしています。その背景は，BIGデータの活用やAI（人工知能）技術の進展により，仕事がより高度に集約化されることと無縁ではありません。リンダ・グラットンは，著書「ワークシフト」において2025年の「暗い未来」の例として，「アメリカやベルギーなど先進国の若者は，自分よりも賢くてやる気のある中国人やインド人の若者との競合となり，就職したくてもできず，ファーストフードや短期のアルバイトでギリギリの生活を送っている」として仕事の獲得競争が世界規模で激化するだろうと指摘しています[12)]。人が体を使って行う仕事は，決してなくならないにしても，その量は減っていくでしょう。その代わり，人の創造性を生かした質の高い仕事に対する需要は増え，その労働市場はグローバル化していくと考えられます。

このような時代を目前に控え，バーチャル・チームやテレワークがどの分野に適しているのかを考えておく必要があると思われます。フェイス・トゥ・フェイスのコミュニケーションを要する仕事が全くなくなるわけではなく，それよりもICTを利用することで効果的，効率的に行える分野が，バーチャル・チームやテレワークに移行していくことが望ましいと考えられます。たとえば，専門性の高いモジュール化（単位化）された業務がその典型でしょう。先にあげた「ワークシフト」の例は，クラウドソーシングが進展した未来予測であり，これによってオープンイノベーションが実現されると言われています。クラウドソーシングはインターネットをプラットフォームとして活用し，不特定多数のワーカーに業務を委託する仕組みです[13)]。またオープンイノベーションは，ヘンリー・チェスブローによって提唱され，外部の開発力やアイデアを活用することで自社の課題を解決し，これまでにない価値を生み出すことです。その最大のメリットは，これまで自社単独で進めていた研究開発を迅速かつ効率的に行えるということにあります。このように近年，企業の研究開発では，オープンイノベーションの重要性が求められており，自社の努力では解決できない

12） グラットン（2012）

研究開発上の課題に対して，社外から解決策を見つけ，研究開発を効率化するという動きが広がっています[14)]。

6-2　バーチャル・チームとテレワークとの比較

バーチャル・チームは，既存の技術にはない革新的な製品づくりやサービスの開発を短期にしかも生産性を高めて実現させるといった特定のゴールが設定され，それを解決する必要に迫られた結果として編成されます。その解決が組織内部の人材では実現しそうにない場合に，有能な人材を国外も含めて外部から調達します。それにともなって，時間という点でも時差を活用して連続的，効率的に仕事が遂行されます。さらにチームメンバーが自分の企業に所属しながらも，他の組織にバーチャル・チームとして高度専門技術者の立場で参画します。このようにバーチャル・チームは，ひとつのゴールに向かって多様な国や言語，文化の人材によるチームメンバーがタスクを分担しつつ，リーダーやメンバー間でタスクを調整，共有して縦横に関連して相互作用しながら進行できるのが強みです。

一方，日本におけるテレワークは「場所や時間にとらわれない」や「時間的・空間的束縛からの解放」といった点を中心に，「柔軟な働き方」や「多様な就労・作業形態」といった働き方や労働形態に焦点が当てられています。そしてテレワークによる働き方の変化による従業員，企業経営，社会への波及効果が強調されています。

---

13)　P&Gでは，世界共通のR&Dポータル「Innovation Net」の上に化学，パッケージ，生命科学といった100以上のテーマのコミュニティー・オブ・プラクティスを構築している。これらのコミュニティーの中では，新製品のアイデアを募集したり，技術的に困難な問題の解決を世界中の研究員に求めたりしている。そして，異なる領域の専門家を結び付けてアイデアを創発し，問題解決のスピードを向上させた。（ITメディアエグゼクティブHP http://mag.executive.itmedia.co.jp/executive/articles/1002/19/news008.html）

14)　東レとユニクロが共同で開発した「ヒートテック」もオープンイノベーションによるものである。すなわち東レの技術資産とユニクロの顧客資産をつなぐことで生まれた（21世紀政策研究所，2015）。

▶図表7-7　バーチャル・チームと日本のテレワークの相違点

項目	バーチャル・チーム	日本におけるテレワーク
定義	メンバーが相互に依存してタスクを達成するために位置的，時間的，関係的境界を越えて仕事をする際に程度の差はあるが技術を利用するチーム	情報・通信技術の利用により時間的・空間的束縛から解放された多様な就労・作業形態をいう
地理的な範囲	国外を含めてグローバルに展開	主に国内
時間的な活用	時差の活用を含む	テレワーカーの裁量で仕事とそれ以外の時間を調整して活用する
経営の観点からの利用目的	革新的な製品・サービスの開発	経営全体の効率化が中心
利用の効果（志向性）	高付加価値化，イノベーション	働き方の変化により就業者，企業経営者，社会のそれぞれへの波及効果
メンバーの多様性	様々な国や言語，文化がある	ほとんどが日本国内の男女
メンバーの帰属	自分の所属組織や職能などとは違うチームに高度専門技術者として関わることを含む	テレワーカーが企業の社員などの場合には専属的に業務を行うことが前提である
タスクの専門性	比較的高度な専門的な技能	比較的汎用性の高い技能
タスクの特性	柔軟性に富んでいる	固定的な場合が多い

従業員は，テレワークの利用により働き方が変わり，自身の裁量で仕事に必要な時間と仕事以外の時間を調整することで，時間を有効活用できるようになります。その際，テレワーカー自身は，特定の組織で比較的汎用性の高い技能によって与えられた固定的なタスクに取り組むことが前提となります。企業経営上も，テレワーク利用による経営全体の効率化が期待できます。テレワークの利用が進めば，156頁に掲げたような社会への波及も期待できるでしょう。

これらの相違をまとめると，**図表7-7**のとおりになります。

では次に，実際に日本でのテレワークをバーチャル・チームへと生かしていくうえでの課題について考えてみようと思います。

6-3　バーチャル・チームへの課題

Dulebohn and Hoch（2017）は，**図表7-8**のようなバーチャル・チームにおけるインプット・プロセス・アウトプットモデルを提唱しています。

この中で，とりわけ日本で課題となるのが，チーム・リーダーシップにおけるマネジメントスキルや，チーム構成における表層のダイバーシティ（年齢，性別，人種，国籍など）や，深層のダイバーシティ（個性，価値観など）と考えられます（第6章参照）。ダイバーシティ・マネジメントについては前章で検討しましたが，ここでは特にコンテクストの文化の違いについて考えていこうと思います。

近年，日本企業は海外に生産拠点を移す方向を打ち出し，中国やベトナム，インドネシアなどに海外拠点の設置が進んでいます。そして，海外拠点の設置が日本企業のコミュニケーション，組織運営の方法にどのような影響や変化をもたらしているか，という点が注目されています。たとえば，日本のすり合わせ型の企業組織が，アングロサクソンのモジュール型の企業組織に転換するのかどうかを確かめることがあげられます[15)]。

このような企業組織の形態の違いと関連して重要なのが，コンテクストの文化の違いです。高コンテクストの文化では「言外のメッセージをしっかり読み取り察することが重要」と考え，低コンテクストの文化では「思いや考えはきちんと言葉として表明しないと伝わらない」と考えます。欧米を中心として，低コンテクストがグローバルスタンダードとなっていますが，日本は先進国で唯一の高コンテクストの文化の国と言われています。しかし海外拠点でのコミュニケーションの方法は，仮にWeb環境による遠隔会議等の技術を活用しても，低コンテクストをベースとしたコミュニケーションで行わなければならないでしょう。

日本の多国籍企業の中には，地理的にも文化的にも異なる海外子会社を管理

15）石田（1999）

▶図表7-8　バーチャル・チームにおけるインプット・プロセス・アウトプットモデル

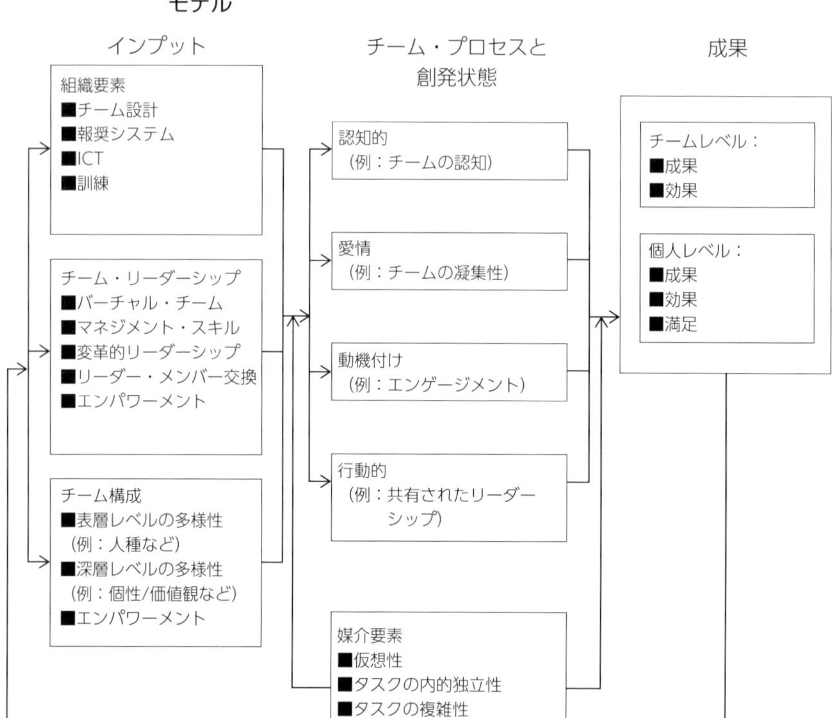

出所：Dulebohn and Hoch（2017）p.3より筆者修正

するため，本社の持つ文化的な価値観を子会社およびその従業員へと「社会化（socialization）」すること，すなわち組織文化を移転しようとする例があります。しかし，東南アジアの海外子会社における日本の親会社からの社会化について調査，分析した結果，「組織社会化を推進すると，親会社固有の知識の移転は促進されるが，現地での創意工夫が阻害される。逆に，組織社会化を行わないと，現地での創意工夫が闊達に行われるが，親会社からの知識移転が進まない」という状況があることが指摘されています[16]。

何があっても集まることができない環境の下，日本から離れた海外の現地拠点に移転したい日本企業の組織文化があるということであれば，バーチャル・チームにおいてもグローバルスタンダードであるアングロサクソン型と異なった日本式のバーチャルコミュニケーションの工夫や改善によって「関係的境界を越える」必要があると思われます。たとえば，以下のようなことが課題として考えられるでしょう。

① 低コンテクストでは伝わらないものをどう伝えるのか。

② 日本式のコミュニケーションのできる人材をどのように調達するのか。

③ 雇用した外国人に日本企業の組織文化をどう教えるのか。

④ 現地企業内でのダブルスタンダードをどう取り扱うのか（グローバルスタンダードとグローバル型人材VS.ジャパンスタンダードと日本型人材）。

6-4 テレワークからバーチャル・チームへ

近年，日本のものづくりは，海外メーカーとの熾烈な製品開発の競争環境下にあって非常に苦戦しています。グローバル競争に勝ち残っていくためには，斬新で他社を寄せ付けない製品やサービスの開発をスピーディーにかつ生産性を高めながら，しかも低コストで実現する必要があります。そんな製品やサービスの開発を実現する手段のひとつが，バーチャル・チームです。すでに欧米や諸外国の実践的，学術的な研究が進んでいるのも，その重要性が認識されているからに他ならないでしょう。

SiM24の大木社長自身も，今後の計画として「SiM24の強みは，“モノづくりの設計完成度向上につながる信頼性の高いソリューションを短期間に安価に提供”することであり，将来は海外人材も活用し，24Hで対応できる仕組みを創設してゆく」（日本テレワーク協会, 2009：44-45頁）と述べています。**図表7-2**で示した一般的なテレワークは，たとえば本章の「はじめに」で例示したAさんのようなWeb環境からの汎用的な技能による入力作業といった「手軽な業務」やBさんのようなモバイルワーカーを念頭においたものでした。し

16) これは，「組織社会化のジレンマ」と呼ばれている（中川・中川・多田，2015：46頁）

かし，SiM24は，現在の事業を単にグローバルに拡大した「テレワークのグローバル展開」に留まるのではなく，バーチャル・チームとして活躍が期待されると思います。なぜなら，それは次のような基盤を活かすことができるからです。

① SiM24のサテライト社員，特に解析リーダーは工学的な知識や特殊なソフトウェアを使いこなす技能を持っている。

② バーチャル・チームのロケット・エンジンの事例で見たようにシミュレーション技術はバーチャル・チームとして製品開発するうえで活用しやすい分野であり，SiM24はそれを強みとしている。

③ サテライト社員が中心となってテレワークで小集団を形成して衆知を集めて成果を引き出す社長のリーダーシップに加え，各ローカルの「職場」やメンバー間で相互支援する行動規範がみられる。

④ SiM24の出身母体であるパナソニックは「新現地化アクションプログラム」や「グローバルタレント・マネジメント」さらに「内なる国際化」を進展させ，現地化を強力に推進し，その過程でグローバルにバーチャル・チームを編成する機会が比較的多い可能性がある[17]。

しかし，単にその基盤があるからといって，すぐテレワークからバーチャル・チームに転換できるわけではありません。まず，優秀な高度専門的な知識や技能をもった技術者をどのように見つけ出すのかという問題があります。また，その該当者が他の組織に所属しているならその組織との良好な関係を維持し，なおかつ機密情報や基幹的な技術情報が漏えいするリスクにも対応しなが

17) 「新現地化アクションプラン」では2000年に始まり在外子会社における「グラスシーリング」を解消すべく現地人社長比率を2000年の15％から2007年に25％まで引き上げるという目標が掲げられた。「グローバルタレント・マネジメント」は「経営職ポスト」の後継者となりうる「ハイポテンシャル人材」をグローバルに発掘し，育成することが目的である。「ハイポテンシャル人材」は「実績評価」と「コンピテンシー評価」に基づいて，各カンパニーからノミネートされる。「内なる国際化」は「日本採用の外国人社員」（日本勤務者）の増強，「現地人社員の逆出向や日本研修」の推進，日本人社員への昇格や海外駐在に際しての「TOEICスコア」の要件化，「海外在留」のキャリアパスの重視などである。これらにより現地人社長比率が2013年には31.1％までアップした（古沢，2016）。

ら，どのように技術者同士でアイデアや成果を適切に交換するのかという課題もあるでしょう。そして，そのためにモニタリングの仕組みの構築や，それに必要となるコストのバランスをどのように考えるか，といった課題を克服する必要があります。

本章ではバーチャル・チームと日本におけるテレワークの双方を，先行研究や事例を交えて比較検討し，今後の日本におけるバーチャル・チームの可能性とその課題について提言を試みました。バーチャル・チームにおいて「職場」という概念が今後どのように変化していくのかは興味の尽きないところです。日本のテレワークは，SiM24のようにICTを活用した時空間を越えて「活き活きとした職場」づくりに貢献しています。今後は，グローバルにつながる先進的なものづくりやサービスの開発に，「活き活きとした職場」を体現させたバーチャル・チームが現れることを期待したいと思います。

アカデミック・コラム

タスク依存性

組織での仕事の達成は，自分ひとりの努力ではどうしようもなく，他のメンバーとの協力関係が不可欠なものも多い。タスク依存性とは，職場のメンバーが与えられた仕事を効果的に行うために相互に依存しあう程度と定義される（Van der Vegt et al. 2001; 鈴木, 2013）。タスク依存性は，タスクの構造的な側面である客観的な依存性と，メンバーの主観的な依存性に大別される。

Thompson（1967）によれば，客観的なタスク依存性は，依存性が低い順に蓄積的，連続的，互恵的，チームの４つのタイプに分けられる。蓄積的な依存性とは，メンバーの仕事間にほとんど依存性がなく，各々の仕事の達成度の合計が職場の達成度になるような場合である。連続的な依存性とは，前工程の仕事を受けて後工程が仕事をするような，一方向の依存性である。互恵的依存性とは，仕事の連続性はあるものの，その流れが一方通行ではなく，メンバー間を行き来するような依存性である。最後のチームは，仕事に連続的な流れはなく，常にメンバー相互のやり取りを通じて達成されるような場合である。

一方の主観的依存性とは，メンバーが認識する他のメンバーとの相互依存の程度である。こちらは，自分の仕事が他者から影響を受ける程度および他者に影響を与える程度の主観的評価によって測定される（Kiggundu 1981）。客観的な依存性と主観的な依存性は，必ずしも対応するとは限らない。たとえば，ベルト・コンベア方式の職場は客観的には連続的な依存性に見えるが，トヨタ自動車のようなカンバン方式を取り入れている場合には，後工程の方が前工程に影響を与えていると見ることも可能であり，主観的なタスク依存性は高くなるかもしれない。

これまでの研究を見ると，主観的なタスク依存性は，様々な影響を与えることがわかっている。たとえば，自発的に他のメンバーを助ける行動や，自ら創意工夫を凝らす行動を促進する効果があることが示されている（鈴木, 2013)。タスク依存性は，他のメンバーとの協力を促すと同時に，仕事に対する責任感も増加させ，こうした行動に影響を与えることが示唆されているのである。

おわりに

2020年に新型コロナウィルスによるパンデミックに見舞われてから約２年近くになります。この間，企業によっては人と人の接触を減らすためにテレワークを取り入れ，顧客を訪問して顔を突き合わせての打ち合わせもオンラインに変更するなど，企業内にあるのが当たり前だった職場が自宅など企業外に広がりました。

それより以前から日本では長時間労働などの働き方改革が課題となり，2019年からは働き方改革関連法が順次施行されてきました。コロナ禍と企業の取り組みが重なり，2020年の平均年間就業時間は前年比58時間減る（総務省『労働力調査』）など，働き方にも変化の兆しがみられます。

多様な職場で多様な人々が働き，労働時間管理も強化されるようになった今こそ，従業員をマネジメントするミドル・マネジャーの役割がますます大きくなっていると言えるでしょう。しかしながら，現実には，部下に長時間労働をさせられずその分の業務を請け負い一人職場で残業する，長時間労働でも管理職であるために「残業代」を得られず我慢を強いられる，プレイヤーとしての役割も担いながら部下の管理も並行して行わないといけない，同じ空間にいれば容易に把握できた部下の様子がテレワークにより把握しにくくなり部下の管理に苦心する，など様々苦悩するミドル・マネジャーの姿がみられます。そのような多様で大きな役割を担い疲弊する管理職の背中を見て，管理職に昇進することに魅力を感じない若者も多くなっていると思われます。

本書では，現役で働く筆者らが職場での経験をもとに，大学院での学びを生かして，職場のマネジメントを論じてきました。大阪府立大学社会人大学院経済学研究科の北居明ゼミ（当時）と関西学院大学専門職大学院経営戦略研究科の大内章子ゼミの修了生による共同研究会は2010年度に始まり，年に４回ほどの全体研究会とそれ以外の数回の各グループでの研究会で，お互いの職場の状況を共有し，ミドル・マネジャーのあり方について議論を重ね，グループごとに各章を執筆しました。

コロナ禍以前から行ってきた議論に基づいて執筆された内容はコロナ禍でも褪せることはなく，むしろコロナ禍で職場のマネジメントに日々悩むミドル・マネジャーにこそ考えていただきたい内容となっています。例えば，少子高齢社会で多様な人々が多様な形で働く職場をマネジメントする際に必要なダイバーシティ・マネジメント（第６章），ともすれば従業員の一体感が得られにくい状況でのテレワークのあり方（第７章）です。そして，テレワークなどで人々が一堂に会する機会が少なくなった中でこそ，ますます求められる活き活きした職場づくりのためのフォロワーシップ（第２章）やチームシンク（第３章），集団効力感（第４章），不文律のマネジメント（第５章）は，読者の皆さんにいま現実に職場で起きていることに即して考えていただきたいと思います。

コロナ禍が長引き，日本企業ではデジタル化の遅れが顕在化し，生産性の向上が急がれており，今後も職場のマネジメントのあり方が変わっていくと考えられます。企業がコロナ禍の今も収束後も持続的に成長していくためにも，そして何より多くの人々が活き活きした職場で働くことができるためにも，本書を手に取ったミドル・マネジャーやこれからミドル・マネジャーとしての活躍を嘱望されている若い従業員の方々に，職場のマネジメントが実は楽しくてやりがいのある仕事だと思っていただくことができれば，私たち執筆陣はとても嬉しく思います。

最後になりましたが，本書を出版するにあたり，丁寧な編集作業にご尽力くださいました中央経済社の浜田匡氏にお礼を申し上げます。

2021年12月

大内　章子

[引用文献]

＜第１章＞

doda「上司のマネジメント力，部下からの評価は？」
https://doda.jp/guide/ranking/047.html.

金井壽宏, 1991『変革型ミドルの探求』白桃書房。

Katz,R.L., 1974 "Skills of An Effective Administrator", *Harvard Business Review*, Vol.52, Issue5 :pp.90-101.

厚生労働省「『働き方改革』の実現に向けて」
https://www.mhlw.go.jp/stf/seisakunitsuite/bunya/0000148322.html

神戸大学大学院経営学研究科・（財）関西生産性本部, 2001「次世代の経営モデルを懸命に模索する日本企業」（財）関西生産性本部第８回経営実態調査報告書。

Mintzberg,H., 2009, *Managing*, Berrett-Koehler Publishers, Inc.（池村千秋訳『マネジャーの実像』, 日経BP社, 2011年）.

日本の人事部「マネジメント・管理職に求められるスキル」
https://jinjibu.jp/f_management/article/detl/outline/804/

「日本の中間管理職白書2009」24-25頁，社団法人日本経営協会。

NOMA経営研究所, 2017「多様化時代のミドルマネジメント」, OMNI-MANAGEMENT, 2017年２月号 :16-19頁。

野中郁次郎, 1990『知識創造の経営』東洋経済新報社。

Nonaka,I. and Takeuchi,H., 1995, *The Knowledge-Creating Company: How Japanese Companies Create The Dynamics of Innovation*, Oxford University Press.（梅本勝博訳『知識創造企業』東洋経済新報社, 1996年）.

産業能率大学「第４回上場企業の課長に関する実態調査」。
http://www.sanno.ac.jp/research/kachou2018.html

（社）日本能率協会経営研究所, 2007, JMA2007経営革新提言「ミドルマネジメントの復権と創造」講演資料。

梅島みよ, 2008『日本の課長の能力』日本経済新聞出版社。

＜アカデミック・コラム＞

Dasgupta,R., 2017 "Articulations of Salaryman Masculinity in Showa and Post-Showa Japan", *Asia Pacific Perspectives*, Vol.15 No.1 :pp.36-54.

鹿島あゆこ, 2018「『時事漫画』にみる「サラリーマン」の誕生」, フォーラム現代社会学, 第17巻 :78-92頁。

Matanle,P., L.McCann and D.Ashmore, 2008 "Men under Pressure: Representations of The 'Salaryman' and His Organization in Japanese Manga", *Organization*, Vol.15 No.5 :pp.639-664.

Skinner,K.A., 1979 "Salaryman Comics in Japan: Images of Self-Perception", *Journal of Popular Culture*, Vol.13 No.1 :pp.141-151.

<第２章>

Chaleff,I., 1995, *The Courageous Follower: Standing Up to and for Our Leaders*, Berrett-Koehler Publishers, Inc.（野中香方子訳『ザ・フォロワーシップ』ダイヤモンド社, 2009年）.

Kelley,R.E., 1988 "In Praise of Followers", *Harvard Business Review*, Vol.66, pp.142-148.

Kelley,R.E., 1992, *The Power of Followership*, New York: Doubleday.（牧野昇監訳『指導力革命』プレジデント社, 1993年）.

長谷部誠, 2011『心を整える－勝利をたぐり寄せるための56の習慣』幻冬舎。

<アカデミック・コラム>

中根千枝, 1967『タテ社会の人間関係』講談社現代新書。

西之坊穂・古田克利, 2013「日本版フォロワーシップの構成要素の探索的研究と個人特性間の差の検討」経営教育研究, 第16巻第２号 :65-75頁。

西之坊穂, 2014「フォロワーシップとリーダーシップがLMXに及ぼす影響－フォロワーの行動に注目して－」経営教育研究, 第17巻第２号 :23-31頁。

西之坊穂, 2015「フォロワーシップの発揮と成果の検証」経営教育研究, 第18巻第２号 :41-50頁。

<アカデミック・コラム>

Locke, E.A. and G.P.Latham, 2006 "New Directions in Goal-Setting Theory", *Current Directions in Psychological Science*, Vol.15 :pp.265-268.

松井賚夫, 2001『セールスにおける遠・近目標併用の販売促進効果』産業・組織心理学研究, 第14巻第１号 :75-82頁。

多田瑞代, 2007『職場における目標の共有が仕事の動機づけに及ぼす影響』経営行動科学, 第20巻第３号 :345-353頁。

<第３章>

阿部孝太郎, 2006「日本的集団浅慮の研究」商学討究, 第57巻第２・３号: 73-84頁。

FUKUSHIMAプロジェクト委員会, 2012 原発事故の本質－FUKUSHIMAレポート－, 日経BP社。

Hamel,G., 2011 "First, Let's Fire All The Managers", *Harvard Business Review*,

December: pp.48-60.（有賀裕子訳『マネージャーをつくらない会社』DIAMOND Harvard Business Review, April, 2012 :30-47頁）.

Janis,I.L., 1982, *Groupthink: Psychological Studies of Policy Decisions and Fiascoes*, Boston:MA, Wadsworth.

Moorhead,G., R.Ference and C.P.Neck, 1991 "Group Decision Fiascoes Continue: Space Shuttle Challenger and A Revised Groupthink Framework", *Human Relations*, Vol.44 No.6 :pp.539-550.

Neck,C.P. and C.C.Manz, 1994 "From Groupthink to Teamthink: Toward The Creation of Constructive Thought Patterns in Self-Managing Work Teams", *Human Relations*, Vol.47 No.8 :pp.929-953.

日本アイ・ビー・エム株式会社（編），出版年不詳『Customer Planning Session カストマー・プランニング・セッション』日本アイ・ビー・エム株式会社。

Ntayi,J.M., W.Byabashaija, S.Eyaa, M.Ngoma and A.Muliira, 2010 "Social Cohesion, Groupthink and Ethical Behavior of Public Procurement Officers", *Journal of Public Procurement*, Vol.10 No.1 :pp.68-92.

Umphress,E.E., J.B.Bingham and M.S.Mitchell, 2010 "Unethical Behavior in The Name of Company: The Moderating Effect of Organizational Identification and Positive Reciprocity Beliefs on Unethical Pro-organizational Behavior", *Journal of Applied Psychology*, Vol.95 No.4 :pp.769-780.

＜アカデミック・コラム＞

Harvey,J.B., 1974 "The Abilene Paradox: The management Agreement", *Organizational Dynamics*, Vol.17 :pp.16-34.

Kim,Y., 2001 "A Comparative Study of The 'Abilene Paradox' and 'Group Think'", *Public Administrative Quarterly*, Vol.25 No.2 :pp.168-189.

＜第４章＞

Bandura,A., 1997, *Self-Efficacy: The Exercise of Control*, New York: Freeman.

Drucker,P.F., 1954, *The Practice of Management*, Harper & Row.（上田惇生訳『現代の経営』（上）ダイヤモンド社, 2006年）.

Drucker,P.F., 1973, *Managemnt:Tasks, Responsibilities, Practices*.（上田惇生訳『マネジメント 課題，責任，実践』（中）ダイヤモンド社, 2008年）.

永尾雄一・杉山佳生・山崎将幸・河津慶太, 2010「チームスポーツにおける集団効力感の資源とその有用性」健康科学, 第32巻 :11-19頁。

中村和彦, 2015『入門組織開発』光文社新書。

佐々木則夫, 2011『なでしこ力　さあ，一緒に世界一になろう！』講談社。

鹿毛雅治, 2004「『動機づけ研究』へのいざない」上淵寿編『動機づけ研究の最前線』北大路書房 :1-28頁。

鈴木竜太, 2011「職場における創意工夫のマネジメント：関わり合う集団の研究開発者の進取的行動への影響に関するクロスレベル分析」組織科学, 第44巻第４号 :26-38頁。

<アカデミック・コラム>

Bandura,A., 1977 "Self-Efficacy: Toward A Unifying Theory of Behavioral Change", *Psychological Review*, Vol.84 :pp.191-215.

Deci,E.L., 1975, *Intrinsic Motivation*, New York: Plenum Press.（安藤延男・石田梅男訳『内発的動機付け―実験社会心理学的アプローチ―』誠信書房, 1980).

Gully,S.M., K.A.Incalcaterra, A.Joshi and J.M.Beaubien, 2002 "Meta-Analysis of Team-Efficacy, Potency, and Performance: Interdependence and Level of Analysis as Moderators of Observed Relationship", *Journal of Applied Psychology*, Vol.87 :pp.819-832.

Lev,S. and M.Koslowsky, 2008 "Moderating The Collective and Self-Efficacy Relationship", *Journal of Educational Administration*, Vol.47 :pp.452-462.

Stajkovic,A.D. and F.Luthans, 1998 "Self-Efficacy and Work Related Performance: A Meta Analysis", *Psychological Bulletin*, Vol.124 :pp.240-261.

<第５章>

Beeson（2009）ビーソン,J.著倉田幸信訳, 2011「なぜあなたの昇進は見送られたのか　昇進の『不文律』を読み解け」ダイヤモンド・ハーバード・ビジネス・レビュー, 第36巻第３号 :84-93頁。

井上達彦, 2008「ビジネスシステムの新しい視点－価値創造と配分に関するルールの束と自生秩序的な仕組み」早稲田商学, 第415巻 :287-313頁。

金井壽宏, 1999『経営組織―経営学入門シリーズ』日経文庫。

森元伸枝, 2009『洋菓子の経営学―「神戸スウィーツ」に学ぶ地場産業育成の戦略』プレジデント社。

Scott-Morgan,P., 1994, *The Unwritten Rules of the Game*, McGraw-Hill, Inc.（三澤一文・浪江一公・黒澤磨紀訳『会社の不文律』ダイヤモンド社, 1995年).

<第６章>

有村貞則, 1999「アメリカン・ビジネスとダイバーシティ」山口経済学雑誌, 第47巻第３号 :247-295頁。

有村貞則, 2007『ダイバーシティ・マネジメントの研究』文眞堂。

坂東奈穂美, 2014「ダイバーシティ・マネジメント導入前の人材多様化に対する日米比較：Thomas & Ely の３つのパラダイムの視座から」北海学園大学大学院経営学研究科研究論集, 第12巻 :1-22頁。

Ely,R.J. and D.A.Thomas, 2001 "Cultural diversity at work: The effects of diversity perspectives on work group processes and outcomes", *Administrative Science Quarterly*, Vol.46 No.2 :pp.229-273.

Ishikawa, J., 2014 "National Diversity and Team Creativity: An Integrative Model and Proposition for Future Research", *Rikkyo Business Review*, Vol.7 :pp.7-23.

Jackson, S. E., J.Aparma and L.E.Nicolas, 2003 "Recent Research on Team and Organizational Diversity: SWOT Analysis and Implications", *Journal of Management*, Vol.29 :pp.801-830.

片山ます江, 2016『理想の老人ホームって何だろう: 常識にとらわれない介護70か条』草思社。

経済産業省「新・ダイバーシティ経営企業100選」(最終閲覧日2019年５月24日) https://www.meti.go.jp/policy/economy/jinzai/diversity/kigyo100sen/index.html

経済産業省「ダイバーシティ2.0行動ガイドライン」(最終閲覧日2019年５月24日) https://www.meti.go.jp/press/2016/03/20170331012/20170331012-4.pdf

厚生労働省「「外国人雇用状況」の届出状況【概要版】(令和２年10月末現在)」(最終閲覧日2021年11月４日) https://jsite.mhlw.go.jp/tokyo-roudoukyoku/content/contents/000806112.pdf

国立社会保障・人口問題研究所, 2017「日本の将来推計人口 (平成29年推計)」 http://www.ipss.go.jp/pp-zenkoku/j/zenkoku2017/pp29_gaiyou.pdf

Loden,M., 1996, *Implementing diversity*, Chicago, IL: Irwin.

Mathis,R. and J.Jackson, 2004, *Human Resource Management*, Thompson South-Western.

中村豊, 2017「ダイバーシティ&インクルージョンの基本概念・歴史的変遷および意義」高千穂論叢, 第52巻第１号 :53-84頁。

中村豊, 2018「日本企業のダイバーシティ & インクルージョンの現状と課題」高千穂論叢, 第53巻第２号 :21-99頁。

佐藤博樹, 2017「ダイバーシティ経営と人材活用―働き方と人事管理システムの改革―」佐藤博樹・武石恵美子編『ダイバーシティ経営と人材活用―多様な働き方を支援する企業の取り組み―』東京大学出版会 :1-22頁。
伸こう福祉会，2008「伸こう福祉会アニュアルレポート2018」
https://www.shinkoufukushikai.com/pdf/annual2018.pdf
谷口真美，2005『ダイバーシティ・マネジメント－多様性をいかす組織－』白桃書房。
谷口真美，2009「ダイバーシティ研究とその変遷－国際ビジネスとの接点－」国際ビジネス研究，第1巻第2号 :19-29頁。
<アカデミック・コラム>
青木安輝，2014『解決志向の実践マネジメント―問題にとらわれず，解決へ向かうことに焦点を当てる―』河出書房新社。
多湖雅博，2019「Appreciative Inquiryがワーク・エンゲイジメントに及ぼす影響に関する研究－メンバーの関係性に注目して－」甲南大学博士学位論文。
Whitney,D. and A.Trosten-Bloom, 2003, *The Power of Appreciative Inquiry*. San Francisco: Berrett-Koehler.（株式会社ヒューマンバリュー訳『ポジティブ・チェンジ―主体性と組織力を高める AI―』株式会社ヒューマンバリュー，2006年）
<第7章>
Dulebohn,J.H. and J.E.Hoch, 2017 "Virtual Teams in Organizations", *Human Resource Management Review*, Vol.7 No.4 :pp.569-574.
Flynn,E. and E.F.Vencat, 2006 "A Boeing of Asia?: It Could Happen, Now That Airbus and Boeing Build Planes in Global Factories", Newsweek International Editions-MSNBC.com,5/8/2006 :pp.1-3.
(http://www.buffalo.edu/news/pdf/May06/NewsweekPritchardBoeing.pdf.)
古沢正之，2016「日本企業の国際人的資源管理における『現地化』を再検討する－変化と兆候とその背景－」地域と社会，第19号 :57-71頁。
Gratton,L., 2011, *The Shift-The Future Work Is Already Here*, Collins.（池村千秋訳『ワークシフト：孤独と貧困から自由になる働き方の未来図2025』プレジデント社，2012年）.
橋本仁志，2013「グローバルチームで効果的に協業するためのテレワークの活用」日本テレワーク学会誌，第11巻第1号 :30-34頁。
石田英夫，1999『国際経営とホワイトカラー』中央経済社。
ITメディアエグゼクティブHP「P&Gの事例にみるクラウド時代のワークスタイル」(http://mag.executive.itmedia.co.jp/executive/articles/1002/19/news008.html)。
Majchrza,A., A.Malhotra, J.Stamp and J.Lipnack, 2004 "Can Absence Make Team Grow Strategy?", *Harvard Business Review*, Vol.82 No.5 :pp.1-9.（長友恵子訳

『リアルチームより生産性，創造性で勝る　バーチャル・チームの優位性』Diamond ハーバードビジネスレビュー，2004年12月号 :48-59頁）

Martins,L.L., L.L.Gilson, M.T.Maynard, 2004 " Virtual Teams: What Do We Know and Where Do We Go From Here?", *Journal of Management*, Vol.30 No.6 :pp.805-835.

中川充・中川功一・多田和美，2015「海外子会社マネジメントにおける組織社会化のジレンマ：日系企業の新興国海外子会社６社の分析」日本経営学会誌，第36号：38-48頁。

日本在外企業協会，2012「『海外現地法人の経営のグローバル化に関するアンケート調査』結果報告について」
（https://www.joea.or.jp/wp-content/uploads/pdf/Survey_Globalization_2012.pdf）

日本在外企業協会，2019「第10回『日系企業における経営のグローバル化に関するアンケート調査』結果報告」
（https://joea.or.jp/wp-content/uploads/survey_globalization_2018.pdf）

日本テレワーク学会「学会規約」（http://www.telework-gakkai.jp/about/kiyaku/）

21世紀政策研究所，2015「日本型オープンイノベーションの研究」６月。

佐堀大輔・比嘉邦彦，2004「ネットワーク社会対応の組織戦略モデルに関する研究：テレワークを活用した共生モデルと共進化」日本テレワーク学会誌，第３巻第１号 :35-54頁。

社団法人日本テレワーク協会，2009「第10回　テレワーク推進賞　事例集」11月。

社団法人日本テレワーク協会，2011「第11回　テレワーク推進賞　事例集」１月。

社団法人日本テレワーク学会，2016「テレワークで働き方が変わる！」６月。

柳原佐智子，2015「テレワークを行うバーチャル・チームでの組織市民行動を誘発する過程」日本テレワーク学会誌，第13巻第１号 :23-30頁。

<アカデミック・コラム>

Kiggundu,M.N., 1981 "Task Interdependence and The Theory of Job Design", *Academy of Management Review*, Vol.23 No.6 :pp.499-508.

鈴木竜太，2013『関わりあう職場のマネジメント』有斐閣。

Thompson,,J.D., 1967, *Organization in Action: Social Science Bases of Administrative Theory*, McGraw-Hill.（高宮晋監訳『オーガニゼーション・イン・アクション－管理理論の社会科学的基礎』同文館出版，1987年）.

Van der Vegt,G.S., B.J.M.Emans and E.Van der Vliert, 2001 "Patterns of

Interdependence in Work Teams: A Two-Level Investigation of The Relations with Job and Team Satisfaction", *Personnel Psychology* Vol.54 No.1 :pp.51-69.

[参考資料]：アンケート調査の概要

われわれが用いたのは，インターネットを通じたアンケート調査である。われわれは，以下の課題について，その重要度を４段階（１：全く重要ではない　２：あまり重要ではない　３：やや重要　４：非常に重要）と達成度を４段階（１：全く達成できていない　２：あまり達成できていない　３：まずまず達成できている　４：達成している）で評価していただいた。

ⅰ．上司関連の課題

ミドルは，リーダーだけでなく，フォロワーとしての役割も持っている。また，金井（1991）が明らかにしたように，変革型のミドルは上司を動かすだけの信頼関係を形成している。ここでの調査では，以下の９項目を設けた。

Q8_1　直属の上司との関係を上手く保つこと
Q8_2　現場で起きている問題をありのまま上司に伝えること
Q8_3　部下の提案を上司（部長クラス・経営陣）に伝え説得すること
Q8_4　ミドル自身の考えを上司（部長クラス・経営陣）に伝え説得すること
Q8_5　上司とインフォーマルな付き合い（飲み会や趣味）をすること
Q8_6　部下の成功を喜び，上司（部長クラス・経営陣）に伝えること
Q8_7　上司の会社以外の私生活（家族のことや趣味など）を把握すること
Q8_8　上司（部長クラス・経営陣）とコミュニケーションを取るための話題作りをすること
Q8_9　上司（部長クラス・経営陣）に「No」と言うこと

ⅱ．部下関連の課題

次は，ミドルの部下へのリーダーシップに関連した項目である。調査では，以下の16項目を設けた。

Q9_1　社内（組織全体）の情報を自身の職場（部下）に伝えること
Q9_2　部下の仕事上の行動を詳細に把握すること
Q9_3　部下別の指導育成を考え実践すること
Q9_4　職場で模範を示すこと
Q9_5　部下の失敗をフォローすること
Q9_6　社内ルールを守らせること
Q9_7　部下とインフォーマルな付き合い（飲み会や趣味）をすること
Q8_8　上司（部長クラス・経営陣）とコミュニケーションを取るための話題作りをすること

Q8_9　上司（部長クラス・経営陣）に「No」と言うこと
Q9_8　自分と部下の仕事の責任範囲を明確にすること
Q9_9　上司の指示よりも部下の思いを重視すること
Q9_10　部下をやる気にさせること（動機付けること）
Q9_11　部下の会社以外の私生活（家族のことや趣味など）を把握すること
Q9_12　部下に嫌われないようにすること
Q9_13　部下のために雑用をすること
Q9_14　経営陣や部長相当クラスの指示に従うよう部下を説得すること
Q9_15　仕事中に部下に冗談を言ったり，部下から笑いを取ること
Q9_16　自分自身のミスで部下に謝ること

ⅲ．キャリア関連の課題

最後は，自己啓発や，キャリア・アップに関連する課題である。調査では，次の15項目を設けた。

Q10_1　他の部門との連絡及び調整を行うこと
Q10_2　職場独自の課題を設定すること
Q10_3　仕事に関する社外の情報を得ること
Q10_4　能力の高い部下を集めること（自身の側近にすること）
Q10_5　社外の重要人物と会うこと
Q10_6　すぐには数字で評価されない仕事をすること
Q10_7　個人よりも全体を考え行動すること
Q10_8　自分らしいやり方で仕事をすること
Q10_9　何でも相談できる同僚の管理職を持つこと
Q10_10　積極的に部下に責任ある仕事を与えること
Q10_11　家庭より仕事を優先すること
Q10_12　より上のポジションを狙うこと
Q10_13　立場に見合った報酬を得ること
Q10_14　職場の問題解決策を自分自身で考えること
Q10_15　仕事以外で仕事能力に関する自己啓発すること

ⅳ．その他の項目

上記以外の質問項目として，１か月の平均残業時間，週に配偶者や恋人と過ごす時間，月の小遣いの額，直属の部下の数，現在の仕事に対する満足度（１：とても不満足～５：とても満足）を尋ねた。

[執筆者一覧（執筆順）]

北居　明　・・・・まえがき・第1章

甲南大学経営学部経営学科教授

大橋　健司　・・・・第2章

ソントンホールディングス株式会社取締役

西之坊　穂　・・・・第2章

摂南大学経営学部経営学科准教授

村橋　陽三　・・・・第3章

プラスワンIT&人財コンサルタント

坂本　幹雄　・・・・第3章

株式会社尾道造酢大阪店　代表取締役

山本　雄大　・・・・第3章

大手化学品メーカー総務部員

奈良岡　準　・・・・第3章

経済産業省所管 幹細胞評価基盤技術研究組合 技術部 部長

深澤　尚宏　・・・・第3章

株式会社メニコン

大塚　英美　・・・・第4章

神戸学院大学経済学部講師

小薗　修　・・・・第4章

株式会社ワーク&ワークス 代表取締役

近藤喜久雄　・・・・第4章

小売流通業勤務

薗田　章恵　・・・・第4章

小児科クリニック事務長

池邊　美佳　・・・・第5章

医療法人警和会 大阪警察病院 看護部長

林　　宏治　　・・・・第５章
内資系メーカー勤務

多湖　雅博　　・・・・第６章
京都文教大学総合社会学部講師

田中　利正　　・・・・第６章
甲南大学 社会科学研究科 博士課程後期 在学中

松本　浩子　　・・・・第６章
外資系メーカー勤務

松本　由紀　　・・・・第６章
外資系サービス勤務

大谷　忠久　　・・・・第７章
大学職員

大内　章子　　・・・・あとがき
関西学院大学専門職大学院経営戦略研究科教授

[編者紹介]

北居　明（きたい・あきら）

甲南大学経営学部経営学科教授。
滋賀大学経済学部卒業。神戸大学大学院経営学研究科後期博士課程修了。
大阪学院大学講師，助教授，大阪府立大学准教授，大阪府立大学大学院経済学研究科教授を経て現職。
著書に『学習を促す組織文化』（有斐閣，2014年），『経営管理論（ベーシックプラス）』（中央経済社，2016年，共著），『経営学ファーストステップ』（八千代出版，2020年，共著）等がある。

大内　章子（おおうち・あきこ）

関西学院大学専門職大学院経営戦略研究科教授。
総合商社勤務の後，慶応義塾大学大学院商学研究科博士課程修了。三重大学人文学部助教授などを経て現職。
著書に『若手女性社員の育成とマネジメントに関する調査研究』（21世紀職業財団，2015年，共著），『女性活躍推進からはじめるダイバーシティの実践』（日本技能教育開発センター，2018年：監修・著），「女性の雇用管理と女性活躍推進」（『新時代の組織経営と働き方』放送大学教育振興会，2020年）などがある。

職場の経営学
ミドル・マネジメントのための実践的ヒント

2022年3月1日　第1版第1刷発行

編著者　北　居　　明
　　　　大　内　章　子
発行者　山　本　　継
発行所　㈱　中　央　経　済　社
発売元　㈱中央経済グループ
　　　　パ　ブ　リ　ッ　シ　ン　グ

〒101-0051　東京都千代田区神田神保町1-31-2
電話　03（3293）3371（編集代表）
03（3293）3381（営業代表）
https://www.chuokeizai.co.jp
印刷／㈱堀内印刷所
製本／㈲井上製本所

＊頁の「欠落」や「順序違い」などがありましたらお取り替えいたしますので発売元までご送付ください。（送料小社負担）

ISBN978-4-502-39141-5　C3034